湖南高质量发展丛书 第二辑

HUNAN
GAOZHILIANG FAZHAN
CONGSHU

湖南省社会科学基金智库重大项目

数字湖南建设

主 编 禹向群

副主编 刘 琪 曾玉湘

湖南大学出版社 CNS | 湖南人民出版社 · 长沙

图书在版编目（CIP）数据

数字湖南建设 / 禹向群主编. —长沙：湖南大学出版社，2024.12
（湖南高质量发展丛书）
ISBN 978-7-5667-2704-6

Ⅰ. ①数…　Ⅱ. ①禹…　Ⅲ. ①地方政府—电子政务—建设—研究—湖南
Ⅳ. ①D625.64-39

中国版本图书馆CIP 数据核字（2022）第177822号

数字湖南建设
SHUZI HUNAN JIANSHE

主　　编：禹向群
策划编辑：刘　旺　王和君
责任编辑：贾志萍
印　　装：长沙超峰印刷有限公司
开　　本：710 mm × 1 000 mm　1/16　　**印　　张：**13.25　　**字　　数：**137千字
版　　次：2024年12月第1版　　**印　　次：**2024年12月第1次印刷
书　　号：ISBN 978-7-5667-2704-6
定　　价：42.00 元

出 版 人：李文邦
出版发行：湖南大学出版社
社　　址：湖南・长沙・岳麓山　　**邮　　编：**410082
电　　话：0731-88822559（营销部）　88821174（编辑部）　88821006（出版部）
传　　真：0731-88822264（总编室）
网　　址：http：//press.hnu.edu.cn

序　言

PREFACE

锚定“三高四新”美好蓝图
加快推动湖南高质量发展
（代序）

党的二十大擘画了以中国式现代化全面推进中华民族伟大复兴的宏伟蓝图，明确高质量发展是全面建设社会主义现代化国家的首要任务。全省上下要切实把思想和行动统一到党的二十大精神和党中央决策部署上来，统一到习近平总书记关于湖南工作的重要讲话和指示批示精神上来，锚定“三高四新”美好蓝图，扎实推进中国式现代化的湖南实践，奋力闯出新时代湖南高质量发展的新路子。

——要将高质量发展作为社会主义现代化新湖南建设的首

要任务，推动高质量发展导向深入人心、高质量发展要求全面落实，促进三次产业结构持续优化、整合全球和全国创新资源能力持续增强、城乡区域发展差距持续缩小、城乡人居环境持续改善、开放平台能级持续提升、人民健康水平和生活水平持续提高，实现产业发展水平、自主创新能力、协调发展水平、绿色发展水平、开放发展水平、共享发展水平明显提升，“三个高地”建设取得重大进展，社会主义现代化新湖南建设迈出坚实步伐。

——要牢固树立和践行正确政绩观，正确处理规模速度和质量效益、政府和市场、发展经济和保护生态、发展和安全、当前和长远的关系，加快形成推动高质量发展的鲜明导向。要大力推进国家重要先进制造业高地建设，明确现代化产业体系建设的主攻方向，提升园区承载能力，推动存量企业扩能升级和精准招商，加快构建富有湖南特色和优势的现代化产业体系；大力推进具有核心竞争力的科技创新高地建设，推动关键核心技术攻关和成果转化，实施新时代人才强省战略，加快构建汇聚全球创新资源的创新型省份；大力推进内陆地区改革开放高地建设，持续深化重点领域改革，推动高水平对外开放，加快构建高标准市场体系和高水平对外开放格局；大力推进长株潭一体化发展，推动四大区域板块联动发展，促进县域经济高质量发展，加快构建支撑高质量发展的城乡区域协调发展体系；大力推进乡村振兴战略，坚决扛稳粮食安全责任，以农民持续增收为核心加快培育农业特色优势产业，持续推进乡村建设行动，加快推动农业大省向农业强省跨越；大力推进扩大内需战略，持续推动消费提质、投资增效、流通体系升级，着力增强高质量发展的内生动力；大力推进市场化法治化国际化营商环境建设，加大对民营经济政策支持力度，强化民营经济发展法治保障，促进民营经济人士健康成长，全力营造重商亲商安商的浓厚氛围，推动民营经济高质量发展；大力推进文化产业创新发展，提升红色文化的传播力影响力，打造优势文化产业集群，推进文旅和相关产业融合发展，加快建设文化强省；大力推进共同富裕，深入实施创业就业行动，推进健康湖南建设，提高社会保障水平，持续提升人民群众收入水平和生活品质；大力推进美丽湖南建设，持续打好污染防治攻坚战，全面提升生态系统功能，加快发展方式绿色低碳转型，坚决扛牢“守护好一江碧水”的责任担当；大力推进安全发展，防范和化解重点领域风险，提升本质安全能力水平，有效防范和应对自然灾害风险，完善社会治理体系，坚决守住高质量发展的底线红线。

——要把党的领导贯穿推动高质量发展全过程各方面，持续抓好学习贯彻习近平新时代中国特色社会主义思想主题教育，完善工作推进机制，强化监督助推落实，深入协商集中民智，形成共促高质量发展的广泛共识和强大合力。强化实干实绩实效导向，完善高质量发展综合考核评价体系，严格落实“三个区分开来”，健全激励干部担当作为的容错纠错机制，为担当者担当、对负责者负责、让有为者有位。大兴调查研究，持续为基层松绑减负。及时总结推广全省高质量发展的典型案例、先进经验，推动形成比学赶超、争先创优的浓厚氛围。

（摘自《中国共产党湖南省第十二届委员会第四次全体会议决议》，原载《湖南日报》2023 年 8 月 31 日）

目 录

CONTENTS

第8章 描绘数字社会新图景

第9章 优化数字发展新生态

第 1 章

引领湖南未来发展的关键力量

当今时代，数字技术作为世界科技革命和产业变革的先导力量，日益融入经济社会发展各领域全过程，深刻改变着生产方式、生活方式和社会治理方式。

——习近平致 2022 年世界互联网大会乌镇峰会的贺信

党的十八大以来，习近平总书记高瞻远瞩、审时度势，多次强调发展数字经济、建设数字中国的重要性、紧迫性。党的二十大报告强调要加快建设网络强国、数字中国。加快区域数字化发展、抢占数字时代制高点已成为全国各地区培塑竞争新优势的关键手段。加速数字化转型，建设数字湖南，是湖南省委、省政府把握科技和产业发展趋势、立足省情作出的一项重大战略部署。面向数智潮涌的未来，湖南需准确把握数字化发展优势，赋能传统产业转型升级，催生新产业、新业态、新模式，形成新发展动能。

第一节

抢抓科技革命新机遇的必然要求

近年来，以云计算、大数据、物联网、工业互联网、区块链、人工智能（AI）、虚拟现实（VR）和增强现实（AR）等为代表的新一代数字技术正以前所未有的态势席卷全球，加速与经济社会各行业、各领域深度融合，由此在世界范围内掀起一场数字化转型新浪潮。数字化转型开启了工业经济向数字经济转型发展的新篇章，正在重塑要素资源体系，重建现代产业体系，重构国际贸易格局，重写经济发展范式，已成为当下推动经济发展实现质量变革、效率变革、动力变革以及提高全要素生产率的关键性力量。建设数字湖南是湖南抢抓机遇、占领产业制高点、形成竞争新优势、全面建设现代化新湖南的必然要求。

一、适应全球科学技术变革趋势的必然要求

18 世纪六七十年代，随着蒸汽机的改良及广泛应用，人类社会从农业经济时代步入工业经济时代，随后电力技术、自动化技术等相继出现，彻底改变了人类的生产方式和生活面貌。20 世纪 90 年代以来，互联网技术逐步商业化，移动通信技术飞速发展，计算存储能力大幅提升，终端设备智能化程度进步惊人，不但催生壮大了一大批创新活跃、渗透性强、涉及面广的战略性新兴产业，更重要的是数字技术与实体经济深度融合带来的产业数字化和数字产业化变革，再一次颠覆性地改变了人类的生产生活方式，由此开启了一场由工业经济时代向数字经济时代演进的重大变革。

数字技术是全球新一轮科技革命和产业变革中的重点方向和关键领域。近年来，数字技术应用成效日益凸显，开始进入加速渗透、集成创新、融合应用的活跃期。数字科技类企业日益壮大，在国民经济中的地位不断提升。从全球范围来看，数字科技类企业已经开始取代金融、汽车、能源等传统巨头，跻身世界最大企业之列。在普华永道根据全球上市公司 2024 年 3 月 31 日的股票

市值发布的“2024 全球市值 100 强上市公司”排行榜中，全球市值前 10 强公司中有 7 家数字科技类企业，分别是微软（Microsoft Corp.）、苹果（Apple Inc.）、英伟达（NVIDIA Corp.）、Alphabet Inc.（谷歌母公司）、亚马逊（Amazon.com Inc.）、Meta Platforms（脸书母公司）和台积电（Taiwan Semiconductor Manufacturing Company Limited）（表 1-1）。全球市值前 100 强企业中，数字科技类企业有 31 家，市值占比超四成。可见，数字科技类企业已占据全球最大企业的近“半壁江山”，且比例还在不断提升。

表 1-1　全球市值前 10 强公司

排名	公司名称	市值（亿美元）	国家或地区
1	微软（Microsoft Corp.）	31 260	美国
2	苹果（Apple Inc.）	26 480	美国
3	英伟达（NVIDIA Corp.）	22 240	美国
4	沙特阿美（Saudi Arabian Oil Company）	19 910	沙特
5	Alphabet Inc.（谷歌母公司）	18 840	美国
6	亚马逊（Amazon.com Inc.）	18 740	美国
7	Meta Platforms（脸书母公司）	12 380	美国
8	伯克希尔·哈撒韦（Berkshire Hathaway Inc.）	9 090	美国
9	礼来（Eli Lilly and Company）	7 010	美国
10	台积电（Taiwan Semiconductor Manufacturing Company Limited）	6 320	中国台湾

资料来源：普华永道发布的“2024 全球市值 100 强上市公司”排行榜。

数字技术是数字经济发展的关键引擎，是支撑数据转化为数字化知识和信息的科学技术。目前，多数地区在兴起的数字技术浪潮面前处于同一起跑线，数字技术为各地抢占先机、加快发展新质生产力提供了历史机遇。数字技术是湖南经济高质量发展的重要保障，将支撑湖南传统农业经济、工业经济向数字经济转型的根本性变革，具有巨大的应用价值。湖南当前正处于产业转型升级、新旧动能转换的关键时期，我们要把数字科技作为追赶超越的新动能，推动高质量发展，积极融入全球科技变革的大潮，打造具有核心竞争力的科技创新高地，在区域竞争中实现弯道超车。

二、融入全球产业链、供应链的必然要求

以数字技术为基础的新产业，是创新驱动力的重要支撑，从而成为当今世界经济竞争与社会发展的主要支配力量，也在很大程度上改变了许多国家的科技力量和经济实力。信息产业以及与此相关的新产业、新业态、新商业模式，其发展的势头强弱和速度快慢，直接关系到一个国家或地区在世界经济舞台上的地位高低。一些小国通过加快发展数字经济提升了自身的世界地位。例如，人口只有130多万的爱沙尼亚，经济数字化水平在欧洲首屈一指，不仅拥有一流的数字化基础设施，而且培育出多个以数字技术为支撑的独角兽企业，其中包括全球知名的Skype即时通信软件。凭借这些优势，这个经济基础薄弱的国家成为世界上科技

实力较强和经济增长较快的国家之一。

当前，数字经济已成为国际竞争重点领域。世界主要国家竞相出台相关战略，开启数字化转型之路。其中，美国是最早布局数字经济的国家，1998 年起美国商务部就发布了《浮现中的数字经济》系列报告，近年来又先后发布了《美国数字经济议程》《美国全球数字经济大战略》等。2014 年，欧盟提出“数据价值链战略计划”，推动围绕大数据的创新，培育数据生态系统；其后，又推出“欧洲工业数字化战略”“欧盟人工智能战略”等规划；2021 年 3 月，欧盟委员会颁布《2030 数字指南针：欧洲数字十年之路》，启动了迈向全球数字经济制高点的十年建设任务。日本自 2013 年开始，每年制定“科学技术创新综合战略”，从“智能化、系统化、全球化”视角推动科技创新。

中国正在迎头追赶、积极抢抓全球数字化机遇。党的十八大以来，党和国家高度重视推动数字化发展，以习近平同志为核心的党中央审时度势、运筹帷幄，为数字化发展谋篇布局、把舵定向。习近平总书记在十九大、十九届中央政治局第二次集体学习、十九届五中全会以及二十大等重要会议上多次强调，加快建设数字中国。加快数字化发展，是建设社会主义现代化强国的基础性、先导性工作，是构筑数字化时代国家竞争新优势的战略选择，数字中国建设已上升为国家战略。对于地处内陆的湖南而言，必须紧紧抓住数字技术变革机遇，充分释放数字化发展的叠加、倍增效应，积极融入全球产业链、供应链，抢占新一轮科技革命和产业变革制高点。

第二节

培塑经济发展新动能的现实选择

数字经济正在经历高速增长、快速创新，是全球经济增长日益重要的驱动力。数字技术的广泛应用催生了海量数据，数据被加工后作为资源重新投入经济活动中，使各类要素高效流动，生产制造更加智能，供需匹配更加精准，专业分工更加精细，计划决策更加灵活，国际贸易更加便利。同时，高度互联打破了传统的市场边界，破除了过去普遍存在的信息不对称瓶颈，市场配置效率进一步提升，从而促进全要素生产率的提升。对正处于发展方式转型升级关键阶段的湖南而言，利用数字经济培塑经济发展新动能是现实选择。

一、拉动区域经济稳定健康增长的现实选择

数字技术对拉动区域经济作用效果明显。研究表明，数字化程度每提高 10%，人均 GDP 增长 0.5%~0.62%。在全球经济增长乏力的当下，数字经济被视为撬动区域经济的新杠杆。

当前，数字经济已经成为经济增长的重要引擎，而数据作为数字时代的新型生产要素，是新质生产力发展的重要动力，对经济发展的贡献也逐步显现。根据国家工业信息安全发展研究中心的测算，数据要素对GDP增长的贡献率呈现持续上升状态，数据要素正发挥越来越大的促进作用。数据形态沿着“数据资源—数据资产（产品）—数据商品—数据资本”的路径延伸演变，将会进一步拓展本地区经济增长动能，提高区域宏观全要素生产率，从而促进经济量的增长和质的提升。从湖南来看，借助数据信息处理技术，将突破传统生产要素受到的物理空间限制，拓宽广阔前景。数据要素的可再生性和渗透性可打破经济发展对传统生产要素的依赖，弱化地缘因素对经济增长的影响，为地处中部地区的湖南经济崛起创造有利条件。中国信息通信研究院发布的《全球数字经济白皮书（2024年）》显示：2023年，美国、中国、德国、日本、韩国等国家的数字经济持续快速发展，数字经济占GDP比重达60%，较2019年提高8%。同时，根据《中国数字经济发展研究报告（2024年）》，2023年我国数字经济规模达到53.9万亿元，同比名义增长7.39%，已连续12年显著高于同期GDP名义增速，数字经济占GDP比重达到42.8%，较上年提升1.3个百分点。湖南数字经济发展势头同样迅猛，2023年湖南数字经济总量突破1.7万亿元，增长15%，已经连续6年保持两位数增长，呈现良好发展势头，逐步成为推动湖南经济社会高质量发展的新引擎。

二、实现数字经济和实体经济深度融合发展的现实选择

数字经济和实体经济发展的历程证明，数字技术和实体经济融合发展、互促共赢是大势所趋，只有融合发展才能让信息技术释放价值、爆发力量，只有融合发展才能实现以数字技术培育新动能、用新动能推动新发展。数字技术的成熟和广泛应用，不但迭代产生以数字技术为核心的新产业、新业态、新模式，推动数字经济规模快速扩张，而且通过产业之间的关联作用，促使实体经济领域不断衍生新产品和新服务，形成新的细分产业。在数字技术支撑下，异地协同研发、大规模个性化定制、远程预测运维等已成为现实。智能产业生态系统如社交网络生态系统、电子商务生态系统、工业互联网生态系统、自动驾驶生态系统等正逐渐取代传统以上下游配套为主的线性产业链，呈现出基于网络平台的集群化、基于数据分析的智能化和基于产业融合的服务化等新特征。

党的二十大报告强调，加快发展数字经济，促进数字经济和实体经济深度融合，打造具有国际竞争力的数字产业集群。《中国数字经济发展研究报告（2024年）》发布的数据显示：我国数字产业化与产业数字化的比重由2012年的约3∶7发展为2023年的约2∶8，2023年，数字产业化、产业数字化占数字经济的比重分别为18.7%和81.3%。第一、第二、第三产业数字经济渗透率分别为10.78%、25.03%和45.63%，分别

较上年增长 0.32、1.03 和 0.91 个百分点，第二产业数字经济渗透率增幅首次超过第三产业。对于湖南而言，数字经济和实体经济加速融合是建设“4×4”现代化产业体系和打造“三个高地”的重要手段，必须加快推进数字产业化和产业数字化，因地制宜培育湖南特色新质生产力。

三、增强企业可持续发展能力的现实选择

企业是经济发展的主体，数字技术的扩散应用改变了企业的外部环境和内部组织。企业通过互联网与用户直接对接，深入应用大数据、工业互联网、人工智能、机器人、3D 打印等数字技术后，可以让自身生产经营越来越智能和高效，从而增强可持续发展的能力。突出表现为企业的生产方式精准个性化、客户关系长期服务化、业务边界柔性模糊化、组织结构平台网络化、创新模式开放系统化。

数字化转型对企业的意义具体体现在三个方面：一是提高效率和降低成本。数字化转型可以使企业的购销、生产、管理等各个环节更精准、高效、自动化。二是提升企业的创新能力。当前，随着区块链、物联网、工业互联网、人工智能、量子信息、先进计算、未来网络等前沿技术的发展，信息技术与其他技术之间的组合、融合、反应，将会产生新的创新技术。企业数字化转型，会带动新的技术推广和应用，提升企业的创新能力。三是提

升客户体验。数字化转型可以为企业提供更广泛的市场机会，同时也可以为企业提供更好的客户体验。例如，自 ChatGPT 为代表的大模型技术兴起后，在零售领域，AI 客服可自动化应答 90% 的服务咨询。数字化转型是企业发展的必然趋势，能够显著增强企业的核心竞争力，以应对日益激烈的市场竞争。从目前的发展趋势来看，数字化转型也是湖南企业增强竞争力和可持续发展能力的必然选择。2023 年，湖南全省规模以上企业营收利润率为 5.22%，低于全国平均水平 0.54 个百分点，在全国各省（区、市）中排位中等靠后，以数字化转型推动企业降本增效迫在眉睫。

第三节

提升社会治理新效能的迫切需要

近年来，全国各地大力加强数字社会、数字政府建设，提升公共服务、社会治理数字化智能化水平，从“数字政府”到“智慧治理”，从“只进一扇门”到“最多跑一次”，有效打通了政务服务“最后一公里”。加快数字化转型，是推动湖南加快转变政府职能、促进治理体系和治理能力现代化的迫切需要。

一、提高政务服务水平的迫切需要

纵观国际国内电子政务发展实践，世界各地都在加速“数字蝶变”，大力推进数字政府建设，提升政务服务数字化水平，并将政府的数字化转型与区域的发展战略融为一体。通过电子政务的创新发展推动实现经济社会可持续发展，已成为世界各地政府的共识。2022 年 4 月 19 日，习近平总书记主持召开中央全面深化改革委员会第二十五次会议，审议通过了《关于加强数字政府建设的指导意见》等系列文件。习近平总书记在主持会议时强调，要全面贯彻网络强国战略，把数字技术广泛应用于政府管理服务，推动政府数字化、智能化运行，为推进国家治理体系和治理能力现代化提供有力支撑。

“互联网 + 政务服务”实践中的技术创新和服务流程再造，能有力推动政务系统的扁平化发展，促进办事部门相互衔接。通过信息共享、互联互通、业务协同，政府审批和服务事项便可以实现线上咨询、网上办理、电子监察，这样做大大提升了政府办事效率。以广东省东莞市为例，东莞市实行“互联网 + 不动产登记”全流程电子化改革，购房签约、备案、按揭、抵押所需时间为一个工作日，快则仅需 50 分钟；房地产项目从开卖到银行回款仅一个月就可回款 90% 以上，一年能为企业节省融资成本 30 亿 ~50 亿元。提高政府服务效率就意味着帮助企业和个人减轻了办事流程负担，大幅降低了企业和个人的时间成本、资金成本。

近年来，湖南以推动“一件事一次办”改革为着力点，大力推动数字政府建设，成效显著。但是仍存在统筹协调力度有待加大、跨部门数据共享整合不到位、渠道不畅通、需求难满足等问题。湖南必须以敢啃硬骨头的精神，大力突破数字政府建设中的堵点、痛点、难点，真正通过数字化转型提升政务服务能力和水平。

二、完善社会治理体系的迫切需要

“以数字化助推城乡发展和治理模式创新”是我国“十四五”规划提出的明确要求。以数字技术为抓手进行治理及治理数据本身，是实现社会治理现代化的必然要求。“智”治已成为社会治理的重要模式。

一是能有效提升社会治理的科学性。就社会治理的难度和复杂性来说，社会治理内容繁杂，关系到社会生活中的每个个体，治理范围和涉及群体非常广泛，基于信息化、数字化手段的科学决策、民主决策、依法决策有助于提升社会治理科学化、法治化水平。例如，福州市以创建“宽带中国”示范城市、打造新型智慧城市为依托，加快推进数字基础设施建设。打造电子缴费、电子证照、政务数据汇聚共享、信用信息等一批公共服务平台；率先实现行政审批全流程电子证照应用，市级行政审批和公共服务事项网上可办率达 70%,“一趟不用跑”“最多跑一趟”事项占比达93%。如今，行走在福州汽车北站、东部办公区、林则徐纪念馆等地，既不用证件也不需要卡片，只需一个网证二维码便可自由通行，大大提升了社会治理效能。

二是能有效提升社会治理的协同性。就社会治理的合作和平衡来讲，要破解这些社会治理碎片化、分散化难题，就需要将数字信息技术和互联网平台引入社会治理体系，增强各部门主体间的沟通交流，以有效提升社会治理的协同性，有效减少各部门主体与社会个体之间因表达不畅而造成的社会矛盾和冲突。

三是能有效提升社会治理的精准性。数字技术能快速实现治理目标锁定，精准定位治理对象，从而提升社会治理的精准性，进而提升社会治理智能化水平。例如，深圳市光明街道在2023年联合人工智能与数字经济广东省实验室（深圳），研发出AI大模型“追光助理”。“追光助理”大模型涵盖335部国家法律、594部国家行政法规、118份纪检监察文件和432份地方性法规以及光明街道基层工作中积累的大量有效数据。它可以准确、及时、有效地解答基层工作人员关于法律法规、规章政策、政务服务、人民调解等领域的疑问，提升了社会治理的精准性，推动社会治理走向新高度。

湖南社会治理智能化转型取得显著成效，但也仍然面临技术应用不足、数据整合瓶颈束缚、治理模式有待创新、专业人才缺乏等方面的困难和问题。要顺应社会治理转型的时代要求，紧抓科技赋能机遇，全方位增强社会治理实效。

第四节

引领数字生活新图景的重要途径

科技引领人们前进的脚步，数字赋能人们生活的点滴。数字技术因门槛低、覆盖广、介入深、传播快等属性，天然具有包容普惠、绿色环保等特性。数字技术极大地拓宽了人们的生活半径，打破了地域阻隔和时间限制，深度融入大众生产生活的方方面面，在便利城乡居民生活、优化公共服务能力水平、促进共同富裕、推进人的现代化等方面提供了有力支撑。加快建设数字湖南，推动数字与社会生活的融合，缩小数字鸿沟，让数字生活进入寻常百姓家，对于更好满足人民群众对美好生活的向往具有重要的意义。

一、推动生活方式智慧化、便捷化的重要途径

数字化方式正有效打破时空阻隔，提高有限资源的普惠化水平，极大地方便群众生活，满足人们多样化、个性化的需要。数字经济发展正在让广大群众享受到看得见、摸得着的实惠。数字

技术不断创新民生服务方式。互联网、大数据、区块链、人工智能等数字技术组合创新拓展了公共服务场景，零售、餐饮、旅游、办公、教育、医疗等各类传统服务市场因数字化赋能实现了线上线下融合。比如，在线课堂、互联网医院、智慧图书馆、智能小区等新场景，不仅能给群众带来便利，也更好满足了大众日益多样化、个性化的需求，使民生服务日趋智慧化、便利化、人性化，显著提升了居民的生活品质。

商务部数据显示，2023 年我国网上零售额为 15.42 万亿元，同比增长 11%，连续 11 年成为全球第一大网络零售市场。在线旅游、在线文娱和在线餐饮等数字服务蓬勃发展，在线旅游销售额增长 237.5%，在线文娱销售额增长 102.2%，在线餐饮销售额增长 29.1%，上述三大领域销售额合计对网上零售增长贡献率达 23.5%，拉动网上零售增长 2.6 个百分点。数字技术全面融入同样也给湖南百姓的生活带来了显著影响，2023 年，湖南全年实物商品网上零售额达到 2 432.0 亿元，比上年增长 12.1%，增速比全国平均水平高出 2.7 个百分点。以上数据一定程度上反映出湖南居民对新服务的接受程度逐步提升。湖南应顺势而为，进一步推动数字技术在电子商务中的应用，利用数字化催生消费新业态、新模式，进一步提高人民生活品质。

二、推动群众高质量共享发展成果的重要途径

数字经济方兴未艾，在提高人民生活品质的同时，也成为吸纳就业的重要“蓄水池”。新就业形态随着数字技术发展而兴起，技术进步为创造新的工作岗位、提高劳动生产率及提供有效的公共服务带来了新机会，数字经济在创造新增就业、优化就业结构等方面发挥着日益重要的作用。2024年5月，人力资源社会保障部发布关于增加一批新职业的公示，将增加19个新职业，其中与数字经济相关的网络主播、云网智能运维员、用户增长运营师、人工智能数字人训练师等新职业达到了9个，数字经济催生新的职业，拓宽了我国职业版图和就业门路。中国信息通信研究院预测，到2025年，数字经济带动就业人数将达到3.79亿。

数字经济具有高创新性、强渗透性、广覆盖性的特点，对传统产业数字化变革、突破生产要素局限的均衡化生产，以及提供公开透明的信息服务具有明显优势，为新时代扎实推进全体人民共同富裕提供了有利的技术条件。首先，数字经济能够加速社会财富的创造与积累，做大共同富裕的“蛋糕”。数字经济的发展赋予生产力新的内涵与活力，能够极大地解放生产力、发展生产力和保护生产力。其次，数字经济有助于推动社会财富的共享与普惠，进一步实现分好“蛋糕”的目标。数字经济能够促进区域发展协同化、资源共享化、公共服务均等化，为发展成果提供有效的共享机制。

相关研究表明，由于数字经济的发展，中国东西部地区发展差距已经连续多年缩小。数字经济正在帮助中国经济跨越传统的“胡焕庸线”，通过资金网络、商业信息网络、物流网络的普及和各类要素的流动，让东西部地区能共享经济发展机遇，促使区域经济发展机会更均等化，从而缩小东西部发展差距。对于湖南而言，数字经济为我们追赶式发展创造了条件，随着互联网和电商的发展，很多偏远地区的农民也有了创业的机会，他们在各种电商网络上做生意，带动农产品走出去，并向沿海等东部地区甚至海外提供商品和服务。同时，以移动支付为代表的数字普惠金融为农村及偏远地区带来机会均等的金融服务。总之，数字经济改变了经济发展格局，打破了城乡二元结构，为实现共同富裕注入强劲动力。治国有常，而利民为本。湖南应进一步加强数字乡村的建设，助力共同富裕的实现。

第 2 章

数字湖南建设进入快车道

加快数字中国建设，就是要适应我国发展新的历史方位，全面贯彻新发展理念，以信息化培育新动能，用新动能推动新发展，以新发展创造新辉煌。

——习近平致首届数字中国建设峰会的贺信

顺应新科技革命和产业变革奔涌大潮，紧跟信息化、数字化时代步伐，湖南人发扬“敢为人先”的精神特质，全面开启数字湖南建设。特别是党的十八大以来，湖南抢抓数字化发展机遇，数字湖南发展目标逐步清晰，政策措施具体有力，保障体系日益完善，数字湖南建设取得重大进展，为奋力谱写中国式现代化湖南篇章注入强劲动力。

第一节

数字湖南进入全面建设期

早在2010年，湖南省委、省政府就将推动“四个湖南”（绿色湖南、创新型湖南、数字湖南和法治湖南）建设作为湖南经济社会发展的重大战略。明确提出，建设数字湖南，充分利用信息技术，高效开发信息资源，推动信息化和新型工业化、农业现代化、新型城镇化深度融合、共同发展，是建设绿色湖南、创新型湖南和法治湖南的基础和支撑。随着组织领导、政策规划、法规制度体系的不断完善，数字湖南进入全面建设期。

一、组织领导体系逐步健全

为加强对全省数字化发展的总体谋划和统筹推进，湖南先后成立省信息化领导小组、省数字湖南建设领导小组、省数字政府建设领导小组等领导机构，并成立省数据局、省政务服务和大数据中心等具体执行部门。与此同时，湖南还加快培育发展推动经济社会数字化转型的市场主体。2022 年 1 月，湖南大数据交易所投入试运营，该交易所成为继贵阳大数据交易所、西咸新区大数据交易所、北京国际大数据交易所、上海数据交易所之后的全国新型、中部第一个大数据交易所；2022 年 9 月，湖南大数据交易所“文化大数据交易中心”正式上线。2023 年 6 月，数字湖南有限公司成立，其经营范围包括大数据服务、数据处理服务等方面，有效助力数字湖南建设。

二、政策规划体系逐步完善

十多年来，湖南先后印发《数字湖南建设纲要》《数字湖南规划（2011—2015 年）》《湖南省数字经济发展规划（2020—2025 年）》《湖南省“十四五”信息化发展规划》《湖南省

“十四五”数字政府建设规划》《湖南省“十四五”数字政府建设实施方案》《湖南省新型数字基础设施建设“十四五”规划》《数字湖南建设“十四五”规划》等重要政策规划文件，围绕工业互联网、大数据、5G（第五代移动通信技术）、区块链等制订了一系列产业专项行动计划，引领全省数字化发展的政策规划体系日益完善。此外，2021 年，湖南还发布了全国首部省级层面数字经济发展白皮书和首部省级层面政务大数据白皮书。

三、法规制度体系逐步规范

2021 年 12 月，湖南省第十三届人民代表大会常务委员会第二十七次会议表决通过了《湖南省网络安全和信息化条例》，自 2022 年 1 月 1 日起施行，这是全国首部网络安全和信息化地方性法规。此外，还出台《湖南省政务信息资源共享管理办法》等省级法规，制定《政务大数据中心数据交换规范》《政府网站集约化管理平台建设规范》《政府网站统一信息资源库建设规范》等地方标准，有力提升了各项重要工作的标准化、规范化水平。2024 年 5 月 30 日，湖南省第十四届人民代表大会常务委员会第十次会议通过《湖南省数字经济促进条例》，旨在推进我省数字产业化和产业数字化，促进数字经济与实体经济深度融合，完善数字经济治理体系，建设数字经济强省，加快发展新质生产力，推动经济高质量发展。

第二节

四大数字产业领跑全国

近年来，在复杂严峻的国内外经济环境下，湖南数字经济依然保持强劲增长，继 2019 年首次跻身国内数字经济“万亿俱乐部”之后，2021 年全省数字经济规模再上新高，数字经济总量突破 1.3 万亿元， 同比增长 17%，2022 年全省数字经济总量突破 1.5 万亿元，同比增长 15.4%，2023 年全省数字经济总量突破 1.7 万亿元，同比增长 15%，连续 6 年保持两位数增长，呈现良好发展势头。在电子信息制造业、先进计算产业、功率半导体产业、软件和信息技术服务业等领域形成特色和优势，相关产业成为推动全省经济社会高质量发展的新动能和主引擎。

一、电子信息制造业快速崛起

湖南加快完善政策体系，就音视频、先进计算等特色、优势产业出台专项支持政策措施，持续开展制造业关键产品“揭榜挂帅”项目，推进国家第三代半导体技术创新中心（湖南）、湘江实验室等重大创新平台建设，解决关键核心技术“卡脖子”问题，在电子信息制造业领域加快培育形成新质生产力。经历新冠疫情之后，2023 年全省规模以上电子信息制造业营收达 3 901.66 亿元，增加值增速由一季度的 -4.9%、上半年的 2.1% 逐步回升至全年的 11%，高于全国 7.6 个百分点。

专栏 2-1

湖南发布电子信息制造业 50 个重点项目

2024 年 3 月，湖南省工业和信息化厅发布 2024 年电子信息制造业重点项目名单，50 个项目入选。重点项目聚焦湖南新兴优势产业链提升，主要分布在新型显示、智能终端、新一代半导体、先进计算、人工智能、新能源电池等六大领域。50 个项目总投资约 1 228 亿元，单个项目投资均在 3 亿元以上，其中百亿元规模以上项目 3 个，50 亿 ~100 亿元项目 6 个。50 个项目中，新建项目有 17 个，续建项目有 33 个，预计年内完工 14 个项目。

——选编自湖南省人民政府门户网站 2024 年 3 月 6 日相关文章

二、先进计算产业加速跃升

湖南锚定打造全国重要的先进计算产业基地和具有国际竞争力的先进制造业集群，编制发布“一图四库一清单”、集群培育提升三年行动方案。推动“鹏腾”生态湖南创新中心落地，加快构建“鹏腾”生态体系。飞腾服务器 CPU、湘江鲲鹏 AI 服务器、深信服云桌面终端等新产品实现产业化。全国首个信创开源广场 XPlaze、计算机可靠性环境试验平台、商用密码技术研究与应用湖南省工程研究中心、信息安全人才培训基地等一批公共服务平台建成运行。发挥国家网络安全产业园和“一院四中心”平台作用，16 个重点项目签约落地，金额达 139.95 亿元。2023 年，长沙新一代自主安全计算系统产业集群实现产值超 1 800 亿元、增长 6%。

三、功率半导体产业走在全国前列

以 CPU（中央处理器）、GPU（图形处理器）、DSP（数字信号处理）及 SSD（固态硬盘）主控芯片等为代表的通用芯片走在全国前列，在 IGBT （绝缘栅双极型晶体管）领域实现了从“跟跑”到与国际巨头“并跑”的重大跨越。北斗芯片研发跻身全国三强，助力北斗卫星导航系统完成全球组网。株洲中车时代半导体、三安光电、比亚迪半导体、泰科天润、天岳等一大批企业纷纷布局，构建集材料、装备、设计、制造、应用于一体的功率半导体产业全链条。

四、软件和信息技术服务业竞争力不断增强

湖南聚焦基础软件和工业软件高质量发展，着力打造具有核心竞争力的软件产业集群。2023 年，全省软件和信息技术服务业实现营收 2 320 亿元，同比增长 15.1%，全省工业软件产品收入达 26.7 亿元，同比增长 9%。全省软件 50 强企业实现营收 335.6 亿元，增长 17.3%，实现利润总额 40.9 亿元，增长 23%，全省营收规模超百亿元的软件企业有 3 家，国家鼓励的重点软件企业有 4 家。华为、蚂蚁金服、科大讯飞、360 等行业龙头企业签约入湘，累计超 60 家国内外软件知名企业在湖南设立了全国总部或区域总部，和包支付成为全国首家实现与云闪付、支付宝、微信全部互联互通的第三方支付机构，覆盖线下门店超 4 000 万家，累计交易规模 9 625.48 万元。2023 年，全省软件行业新增国家级专精特新“小巨人”企业 21 家，累计总数达 110 家，占全省总量的 21%。全省上市后备资源库中软件企业有 74 家，占比 8.1%，其中科创板后备库企业有 34 家。

第三节

“一件事一次办” 成全国政务服务知名品牌

加强数字政府建设是推进政府治理体系和治理能力现代化的重要途径，是数字湖南建设的重要组成部分。湖南高度重视数字政府建设工作，着重推动“一件事一次办”改革，取得了显著成效。

一、打造“一件事一次办”平台

2020 年 12 月，湖南开通“一件事一次办”微信小程序。这是全国首个以“一件事一次办”为主题的移动端政务服务平台，覆盖了省、市、县、乡、村五级，作为线下政务服务大厅和一体化政务服务平台的补充，为企业和群众提供了方便快捷的政务办事渠道。

为了更好服务全省企业和群众“一件事一次办”， 2022 年下半年，湖南依托省“互联网 + 政务服务”一体化平台，开始推动将“一件事一次办”微信小程序、“新湘事成”APP 移动端及各省直部门和各市州建设的移动端服务进行整合。新的服务端为

“湘易办”APP，“湘易办”是湖南全力打造的全省统一的企业、群众、公务人员“掌上办事”的总入口，是“一件事一次办”的升级版。2022 年 12 月 20 日上午，“湘易办”超级服务端正式上线，该平台共设置“首页、服务、资讯、我的”4 个板块，汇聚全省 50 个省直单位、14 个市州及湘江新区的政务服务、生活服务超过 5 000 项，电子证照达到 53 类，“一码通”关爱版、“跨省 APP 联盟”等特色应用场景突破 7 大类，为个人提供“衣食住行、看病就医、安居乐业”全周期的办事和生活服务，为企业提供“开公司、办业务、找政策”等全流程的惠企服务，为各级公务人员提供统一的办文、办会、办事和跨部门、跨层级的即时通信服务，初步实现“一机在手、一键登录、一网通办、一次办好”。

2024 年 4 月 30 日，“湘易办”超级服务端 2.0 版上线。“湘易办”2.0 版场景应用更丰富，用户界面更优化，服务保障更到位，系统运行更安全。到上线当日，湘易办 2.0 已建成 14 个市州、100 个县（市、区）旗舰店和 20 个省直单位旗舰店，汇聚政务服务、便民服务（生活服务）事项超过 17 000 项，基本实现各级各部门业务服务全覆盖，注册用户达到 3 378.7 万户。

二、实现“一件事一次办”升级

2022 年 9 月，湖南省委全面深化改革委员会第十八次会议审议通过《湖南省深化“一网通办”打造“一件事一次办”升级版攻坚行动方案》，推动“一件事一次办”在技术支撑、服务范围、办事质效等方面全方位升级。一方面优化拓展“一件事”，聚焦个人从出生到身后、企业从设立到注销、项目从签约到投入使用3个全生命周期，推出26个主题式、套餐式场景应用；另一方面巩固提升“一次办”，围绕已发布的300件“一件事一次办”事项和26个主题式、套餐式场景应用，对所涉事项权责边界、权力下放、权责匹配、流程优化、业务协同、网上申报等情况进行全面梳理，充分考虑基层承接能力，实现全链条有序精准放权，确保放得下、接得住、管得好。2024年3月，湖南发布《关于进一步优化政务服务提升行政效能　推动“高效办成一件事”的通知》，新增上线和优化完善17个“高效办成一件事”事项（包括国务院国发〔2024〕3号文件部署的13个“一件事”和我省就医、经营性项目验收开业、农村建房及大件运输4个特色“一件事”），并着重从服务模式创新、平台支撑能力、数字赋能应用等方面着力推动我省“一件事一次办”办理更高效、更便捷、更智能。

三、推进“朋友圈”跨省通办

目前，按照全国一体化政务服务平台“跨省通办”数据交换规则及国家政务服务平台“跨省通办”支撑系统与省级政务服务平台对接任务说明等文件要求，湖南省“互联网＋政务服务”一体化平台在国家政务服务平台资源共享中心的测试环境和正式环境中完成了申报附件下载、办件补齐补正开始、特别程序开始、特别程序结束、统一赋码、统一赋码查询、办件申报、办件查询、办结反馈、受理反馈、物流寄递等20个接口的申请和调试。同时打通了与国家政务服务平台点对点“跨省通办”服务事项管理子系统的网络，发布了“医疗广告审查”“股份有限公司注销登记”等事项。

第四节

数字应用场景不断拓展

湖南把握数字技术全面融入生产生活新趋势，不断丰富数字技术应用场景，全民畅享数字生产生活的美好图景初步绘成。

一、发布数字湖南十大应用场景

为加快数字技术的推广应用，近年来湖南每年均发布数字湖南十大应用场景建设示范项目名单。其中，2023年数字湖南十大应用场景建设示范项目共包括 46 个示范项目，均已建成投产，项目总投资超过 14 亿元，包括智能交通、智慧能源、智能制造、智慧农业及水利、智慧教育、智慧医疗、智慧文旅、智慧社区、智慧家居、智慧政务等，其中涉及智能制造的应用场景数量最多，为 12 个。

二、数字应用场景成效显著

智慧教育走在全国前列。打造“上联名校、下联村小”的芙蓉网络联校，全国首创“我是接班人”网络大课堂，“学校联网攻坚行动”和“多媒体教育全覆盖攻坚行动”顺利完成，获批首个“国家教育信息化 2.0 试点省”。

智慧医疗进展显著。持续优化“互联网 + 医疗健康”公共服务，基本建成省级全民健康信息平台，电子健康卡应用被国家卫生健康委员会列为“互联网 + 医疗健康”公共服务典型案例首位，智慧医疗养老益阳模式入选健康中国行动推进典型经验案例，“基于全栈信创的国产高性能数据库一体机”项目荣获第六届智慧医疗创新大赛全国总决赛医疗信创赛道一等奖、最佳实践应用奖。

智慧人社稳步推进。实现全省范围内跨地区跨银行社会保障卡办理“立等可取”；建成农民工工资支付预警监控平台，实现了对工程建设领域农民工工资支付事前、事中、事后全过程监管。

智慧交通持续深化。省级交通旅游服务大数据应用平台加快建设，“两客”智能监管系统上线试运行，建成省交通运输数据资源中心，市州城区和县（市、区）公交“一卡通”实现与全国交通卡互联，湖南首条“数字高速”衡永、永零高速通车运营。

智慧治理持续深化。建成湖南安全监管与应急救援指挥平台、安全生产综合信息平台等，公共安全视频监控基本实现重点部位全覆盖。推动花垣、韶山、双牌、大祥等 4 个国家数字乡村试点建设，推进国家人工智能条件下教育社会治理试验区（湖南省）和示范城市（长沙市）建设，推进衡阳等 4 个国家智能社会治理实验基地建设，全面提升全省社会治理智能化水平。

数字人民币试点深入推进。长沙作为全国第二批数字人民币试点城市之一，已实现多类场景支持数字人民币交易，包括水电费、燃气费等公共缴费，以及部分涉及居民消费的商超、餐饮、长途客运、加油站等消费场景；随着试点范围的扩大，数字人民币的应用也逐渐延伸至公共服务、企业间支付结算、工资代发等更广泛的场景。

第五节

工业互联网引领数字新基建发展

湖南省委、省政府高度重视工业互联网发展，持续加大政策供给，积极推动工业互联网网络基础、平台体系、安全保障、融合应用等方面建设，为数字经济发展打造了坚实的数字底座。

一、工业互联网平台体系持续壮大

近年来，湖南工业互联网平台体系持续壮大，成为继长三角、山东省、广东省、成渝地区、京津冀之后，工业和信息化部支持创建的第 6 个工业互联网示范区。截至 2023 年，全省形成由 2 个国家级工业互联网“双跨”平台为引领、92 个省级工业互联网平台为骨干的“综合型 + 特色型 + 专业型”工业互联网平台体系。工业互联网融入全省 39 个规模工业门类，主要工业互联网平台注册用户超 45 万户，加快实现现代化产业体系的建设推广和应用渗透。树根互联的“根云 RootCloud 工业互联网平台”连续 6 年（2019—2024 年）入选工业和信息化部“跨行业跨领域工业互联网平台名单”，为装备制造、钢铁冶金、汽车整车及零配件、电气等数十个行业近千家工业企业提供工业互联网服务。株洲、醴陵、邵东等地打造了面向轨道交通、轻工、烟花等传统特色产业集群的行业工业互联网平台。

二、标识解析加快发展

标识解析体系是工业互联网的重要组成部分和“神经枢纽”，正逐渐成为推动中小企业数字化转型、实现高质量发展的新引擎。湖南加快推进标识解析体系建设应用，不断完善标识解析体系，围绕重点行业布局建设一批行业型二级节点。其中，中电互联建成全国首个电子行业标识解析二级节点，截至 2023 年底，该二级节点拥有企业节点 32 家，标识注册量 3.67 亿，标识累计解析量 7.43 亿。中科云谷加速建设基于标识解析的产品全生命周期管理系统，打通从生产到交付到退役全业务流程的数据链路。由湖南移动承建的工业互联网标识解析综合型二级节点及应用服务平台入选 2024 年湖南“数字新基建”标志性项目。

三、融合应用成效显著

大中小企业融合发展。以“智赋万企”推动全产业智能化转型，全省大型企业引领推广、中小企业广泛应用的融通发展模式加快复制，工业互联网龙头企业打造大量符合中小企业需求的数字化平台、产品和服务，带动中小企业的数字化能力显著提升。如三一集团通过工业互联网平台创新搭建产品全生命周期追溯系统，实现企业产业链上下游产品数据的质量追溯，已向集团 14 个子公司、18 个仓库、39 个供应商全面推广。

上云上平台持续推进。全省持续开展“上云上平台”标杆企业认定工作，推动企业加快利用新一代信息技术实现降本增效，为同行业、同区域、同规模企业提供典型示范。通过发挥其示范带头作用，引领全省中小工业企业加快生产设备、业务系统等云化迁移和互联互通，推动生产方式、企业形态和业务模式的根本性变革。2023 年，全省新推动 133 002 家企业上云、13 134 家企业上平台。其中，湖南移动推动 33 366 家企业上云、3 162 家企业上平台，数量皆位居全省第一。

新模式、新业态广泛普及。工业互联网深入制造业研、产、供、销、服等各环节，智能化制造、网络化协同、个性化定制、服务化延伸、数字化管理等新模式、新业态广泛普及。如华菱湘钢通过打造 5G+ 多场景应用助力企业转型升级，智能化制造新模式逐步实现工厂操作集中化、设备运行自动化、高危岗位无人化，推动企业运营成本降低 20%，劳动效率提高 254%。

总体来看，数字湖南建设取得了较大进展，但与先进地区相比，还存在战略推动力度不强、科技创新核心竞争力不足、数字技术多领域整体性演进和群体性突破的协同赋能作用尚未充分体现等问题。特别是数字基础设施建设缺乏区域间、部门间统筹规划，城乡数字鸿沟显著，存在盲目建设与壁垒分割现象；数字经济规模有待扩大及综合竞争力有待增强，具有全国引领性的数字产业集群偏少；数字政府仍面临“信息孤岛”普遍存在，数据要素市场化水平不高，跨部门、跨层级应用开发不足，部分领域数字化转型需要加快等问题。

第 3 章

把握数字湖南建设新坐标

迎接数字时代，以数字化转型整体驱动生产方式、生活方式和治理方式变革，大力发展“大智移云”等新一代信息技术，加快推进数字产业化和产业数字化，打造数字经济新优势，建设数字湖南、数字政府、数字社会，让数字文明造福全省人民。

——中国共产党湖南省第十二次代表大会报告

数字湖南建设是推动湖南高质量发展的基础性、先导性工程，是助力实现“三高四新”美好蓝图的重要抓手。在数字中国进入深化应用、规范发展、普惠共享新阶段的新形势下，各地数字化竞争将日趋激烈。湖南应抢抓机遇，加快推动经济社会数字化转型，加速培育新质生产力，深度融入数字中国发展新格局，努力建成全国数字化发展“四区一高地”（全国数字经济创新引领区、全国数字政府建设先导区、全国数字社会应用示范区、全国数字生态发展活力区和全国新型数字基础设施体系建设高地），为奋力谱写中国式现代化湖南篇章注入强劲动力。

第一节

建成全国数字经济创新引领区

立足湖南发展基础和特色优势，面向国家重大需求，围绕自主可控计算机及信息安全、集成电路、工业软件、大数据、北斗卫星导航等重点领域攻克一批关键核心信息技术，加强 6G（第六代移动通信技术）、人工智能、量子信息、类脑计算、区块链、网络空间安全、天地一体化信息网络等领域前沿信息技术布局，建成一批重点实验室、产业创新中心、技术创新中心、制造业创新中心等引领全省数字化转型的创新平台，科技创新对数字经济核心产业发展的支撑引领作用不断凸显。推进物联网、大数据、人工智能等数字技术与实体经济深度融合，催生一批数字技术应用新业态，数字技术对经济发展的放大、叠加和倍增效应持续释放。

以数字化和产业化双向融合为引领，数字产业化和产业数字化水平大幅提升，融合发展的新模式、新业态不断丰富，数字经济实力不断增强。持续增强优势数字产业竞争力，积极培育未来产业新赛道，统筹建设移动互联网、软件、大数据、人工智能、超高清视频、区块链、卫星网络应用等数字产业集群。发挥互联网岳麓峰会、世界计算大会、北斗规模应用国际峰会等高端峰会的平台效应，促进数字产业发展提档升级。围绕打造国家重要先进制造业高地，持续开展智能制造工程。加强工业互联网平台体系建设，推广工业 APP 开发应用，培育制造业新模式、新业态。推进农业数字化转型，加快数字技术与农业生产、加工、经营、管理服务的深度融合。推进现代服务业和先进制造业深度融合，深化共享经济在出行、餐饮、住宿、旅游、电商、制造等生活生产领域的应用，打造新的经济增长点。

到 2025 年，湖南数字经济总量达到 2.5 万亿元，数字经济规模进入全国前 10 强，数字经济占全省 GDP 的比重超过 45%，数字经济核心产业增加值占 GDP 比重突破 11%。数字技术创新能力大幅提升，先进计算、人工智能、高端软件、集成电路等产业竞争力进一步增强，发展成为全国领先的信创产业高地。产业数字化转型更加深入，制造业数字化领跑全国，长沙建成国家智能制造中心，农业、服务业数字化发展效益显著。加快建成国家工业互联网示范区、国家人工智能创新应用先导区、中国软件名城的“两区一城”格局。

第二节

建成全国数字政府建设先导区

按照“统筹规划、有序推进、省市联动、集约建设”的原则，建设“上接国家、下联市县、横向到边、纵向到底”的“大平台支撑、大系统共治、大数据赋能、大服务惠民”的数字政府。完善数字政府管理运营架构，统筹项目和资金管理，健全数字政府建设管理体制机制。升级全省政务“一张网”，优化全省政务“一朵云”，打造全省政务数据“总枢纽”，建设重点共性应用支撑“大平台”，加快建成集约高效的基础底座。推进政务数据资源普查和系统联通，开展政务数据治理，加快数据跨部门、跨层级、跨地区集聚融合，实现政务数据纵横全贯通，业务事项各方全协同。创新政务服务、政府决策运行和政府治理应用建设。大力推进“湘易办”超级服务端建设升级，将“湘易办”打造成企业群众“掌上办事”总入口、优化营商环境总平台、数字政府建设总引擎。

到 2025 年，全省数字政府基础支撑、数据资源、业务应用、安全保障、体制机制等框架体系基本形成、一体推进，数字技术在政府治理领域深入普及应用，政府科学决策和精细治理能力、“互联网 + 政务服务”水平大幅提升，实现治理增效、服务提质、群众满意，以“高效办成一件事”为核心的政务服务水平走在全国前列，以创新应用为驱动的协同治理水平走在全国前列，以一体化协同办公为基础的政府决策运行效能走在全国前列，以政务数据资源“全景图”为抓手的共享开放水平走在全国前列，以“两芯一生态”产业优势为依托的信创基础设施建设水平走在全国前列，湖南实现数字政府建设从“跟跑”“并跑”向“领跑”转变。高频政务服务事项“全省通办”“跨省通办”比例均达 100%，打造 20 个“无证明城市”试点；大数据、区块链等新技术示范应用场景达到 200 个，跨部门协同示范应用场景达到 200 个。

第三节

建成全国数字社会应用示范区

充分发挥数字化发展对社会治理方式变革的推动作用，聚焦便民、惠民、利民，不断丰富场景应用，推进民生服务、城市治理、乡村振兴等领域数字化和智能化。因地制宜、分级分类推进全省新型智慧城市建设，推动智慧城市和数字乡村协同发展，建成一批新型智慧城市和数字乡村示范试点。通过数字赋能强化公共服务供给功能，使数字技术在公共服务和社会治理领域全面融合，提供智慧便捷的公共服务，营造智慧数字生活新风尚。聚焦教育、卫生健康、养老、社区治理等领域，搭建智能社会治理典型应用场景，创建一批国家智能社会治理实验综合基地和特色基地，探索解决智能社会治理难点、热点、堵点问题，强化数字技术在自然灾害、事故灾难、社会安全等突发公共事件应对中的运用，全面提升预警和应急处置能力。

到 2025 年，数字技术对全省公共服务、民生保障、社会治理的支撑作用进一步凸显，网络化、数字化、智慧化的惠民便民服务体系基本建成。智慧城市建设快速推进，长沙、株洲、湘潭等城市建成全国新型智慧城市样板和标杆。数字化在美丽宜居乡村建设中的作用显著，乡村治理能力明显提高，城乡“数字鸿沟”加速弥合。友好包容的数字化服务全面覆盖高频民生事项，智慧数字新生活走进千家万户，智慧社保、智慧医疗、在线教育、智慧文旅、智慧养老等领域取得明显成效，电子社保卡普及率达到60%，医保电子凭证覆盖率达到60%，中小学校在用教室交互式多媒体设备覆盖率达到100%，线上、线下融合的一体化公共服务体系和共建、共享、共治的社会数字化治理模式基本形成，成为场景化、人本化、绿色化、智能化的全国数字社会应用示范区，人民群众的获得感、幸福感、安全感不断增强。

第四节

建成全国数字生态发展活力区

推进数字湖南立法，在数据开放、数据安全管理、关键信息基础设施安全保护、个人信息保护、数字经济发展等领域构建“1+N”政策法规支撑架构。树立全省一盘棋的思想，建立省市协调联动机制和地方统筹协调机制，加强网络、系统、数据等信息资源整合，做到设施共享、平台共用、数据共享。打造重点领域的“湖南标准”，构建数字化改革标准化体系。实施适合新模式、新业态发展的包容审慎监管，放宽融合性产品和服务准入门槛，探索面向区块链、人工智能等新技术和新应用的监管方式与治理模式。健全数据安全体系，创建自主可控的数字安全高地。加大资金和人才支持力度，提高资源配置效率。

到2025年，全省科学完备的数字化发展政策法规体系基本建立，数字湖南建设推进机制不断完善，形成共建共享、科学高效的数字湖南建设运营模式。数据开发、交易等数据要素市场化配置改革取得重大进展，探索构建规范有效的数据要素交易流通模式。数字安全体系进一步增强，网络安全保障和风险防范能力显著提升，形成开放包容、富有活力、规范有序的数字化发展环境。

第 五 节

建成全国新型数字基础设施体系建设高地

加快建设新一代通信网络基础设施，全面推进5G、千兆光纤、IPv6（互联网协议第6版）等基础网络建设，前瞻布局6G网络技术储备，推动国家级互联网骨干直联点、新型互联网交换中心等关键枢纽设施布局，构建全覆盖、全连接的物联网，以加快形成高速、泛在、智能、融合和安全的信息网络基础设施体系。布局绿色智能的数据与计算设施。统筹布局算力基础设施，推动算力、算法、数据、应用资源集约化和服务化创新，加快算力协作、算力路由、算力交易等算力网络基础设施建设，构建“存储 + 边缘计算 + 智算 + 超算”多元协同、数智融合的算力体系。发展高效协同的融合基础设施。注重需求牵引，坚持建用并举，突出新型数字基础设施对工业、农业、文旅、金融等行业数字化转型的强基赋能作用，推动交通、物流、能源、市政等基础设施智慧化改造，建设远程医疗、互联网医院、在线教育等民生基础设施，稳步发展融合基础设施，打造多层次物联网、工业互联网和移动互联网平台，促进融通创新，全面提升数字化水平。

到 2025 年，基本建成高速宽带、无缝覆盖、智能适配的新一代信息网络，国家级互联网骨干直联点成功建设，省内网间时延降至 8 ms 以内。“双千兆”网络加快建设，实现“百兆乡村、千兆城市、万兆园区”能力普及，力争建成 3~5 个国家“千兆城市”。5G 基站数量达 15 万座，5G 和 IPv6 网络规模、用户规模、流量规模均进入全国前列。数据中心布局进一步优化，基本形成数网协同、数云协同、云边协同、绿色智能的多层次算力设施体系，全省数据中心算力达到 4 EFLOPS（每秒 400 亿亿次浮点计算），建成全国先进的绿色算力枢纽。在工业、交通、市政、医疗等领域建成一批智能敏捷的融合基础设施，建成国家工业互联网大数据中心湖南分中心。算力基础设施、新技术基础设施布局合理，为高质量发展提供坚实支撑，城市基础设施智能化水平显著提升，支撑数字经济发展的底座更加夯实。

“十四五”时期，数字湖南主要发展指标如表 3-1 所示。

表 3-1 “十四五”时期数字湖南主要发展指标

指标	2020 年	2025 年	指标类型
数字经济发展指标			
数字经济核心产业增加值占 GDP 比重（%）	8	11	预期性
电子信息制造业营收规模（亿元）	2 935	5 000	预期性
软件和信息技术服务业营收规模（亿元）	1 420	3 000	预期性
数字化研发设计工具普及率（%）	74.3	85	预期性
关键工序数控化率（%）	43.4	64	预期性
网络零售额（亿元）	3 043	5 000	预期性
数字政府建设指标			
全省政务服务事项网上可办率（%）	97.87	99	预期性
“一件事一次办”高频事项网上可办率（%）		100	预期性
“互联网 + 政务服务”平台注册用户数（万人）	3 055	3 800	预期性
个人电子证照普及率（%）	20	50	预期性
非涉密政务系统上云率（%）		80	约束性
数字社会建设指标			
电子社保卡普及率（%）	20	60	预期性
医保电子凭证覆盖率（%）	15	60	预期性
中小学校在用教室交互式多媒体设备覆盖率（%）	73	100	预期性
数字基础设施建设指标			
国家级互联网骨干直联点（个）	0	1	预期性
5G 基站数（万座）	2.9	15	预期性
移动网络 IPv6 流量占比（%）	10	75	预期性
IPv6 活跃用户数（千万）		3.8	预期性
1 000 M 及以上速率的光纤接入用户数（万）	8	210	预期性
全社会总算力（EFLOPS）		10	预期性

资料来源：《数字湖南建设“十四五”规划》。

专栏 3-1

部分省份数字化建设目标定位

江苏：具有世界影响力的数字技术创新高地、具有国际竞争力的数字产业发展高地、具有未来引领力的数字社会建设高地、具有全球吸引力的数字开放合作高地。

福建：数字中国建设样板区、数字政府改革先行省、数字经济创新发展示范省、共同富裕美好生活首善省、数据强省。

湖北：全国数字产业化引领区、全国产业数字化先导区、中部数字化治理样板区、数字生态活力区、全国数字商贸物流中心、具有全国影响力的数字科技创新中心。

贵州：构筑特色引领的数字经济新优势、树立全国领先的数字化治理标杆、打造国家数据生产要素流通核心枢纽、建成集约高效的数字基础设施。

——选编自相关省份“十四五”数字化发展规划

第 4 章

筑牢数字基础设施新底座

加快建设高速泛在、天地一体、云网融合、智能敏捷、绿色低碳、安全可控的智能化综合性数字信息基础设施，打通经济社会发展的信息“大动脉”，为建设现代化新湖南提供有力支撑。

——《湖南省新型数字基础设施建设“十四五”规划》

数字新基建是承载数字经济发展的基础条件，是湖南数字经济高质量发展的必要支撑。近年来，湖南持续加大对数字新基建领域的投入，网络供给能力和服务能力不断增强，数据中心规模扩大及能效水平大幅提升，工业互联网等融合基础设施快速发展，但数字新基建领域也还存在统筹建设不够、支撑能力不强、投资活力不足等方面的问题。湖南应充分发挥“一带一部”区位优势，重点通过实施完善信息网络基础设施、优化布局算力基础设施、稳步发展融合基础设施等措施，大力筑牢数字新基建发展底座，积极融入数字中国建设大局，给全省数字化发展提供强有力支撑。

第一节

完善信息网络基础设施

加快建设高速宽带、无缝覆盖、智能适配的新一代信息网络，积极争取国家级关键信息化枢纽设施布局湖南，推进千兆接入网建设，全面提升全省宽带网络承载能力，推进物联网持续延伸覆盖，建设完善全省现代化信息网络基础设施体系。

一、加快建设高速智能光纤网络

持续优化光纤宽带网络架构，推进互联网骨干网、城域网结构优化和关键环节扩容，建设新一代超大容量、超长距离、智能调度的光传输网。加快“千兆城市”建设，持续扩大千兆光纤网络覆盖范围，推进城市及重点乡镇万兆无源光网络（10G-PON）设备规模部署。完善重点场所千兆光纤网络覆盖，实现城市家庭、重点区域、重点行业普遍具备“双千兆”网络到户的能力。加强网络各环节协同建设，提升端到端业务体验，引导宽带用户向千兆光纤宽带业务迁移。推进建筑物、交通设施等场景信息通信配套基础设施建设和资源预留，实现信息通信配套基础设施与主体工程“同步规划、同步设计、同步实施、同步验收”。

二、有序推动 5G 网络全面深度覆盖

加快推进 5G 独立组网（SA）规模化部署，构建多频协同发展的 5G 网络体系。加快拓展 5G 网络覆盖范围，优化城区室内 5G 网络覆盖，重点加强交通枢纽、大型体育场馆、景点等流量密集区域深度覆盖，推进 5G 网络向农村及偏远地区延伸。支持 5G 接

入网共建共享，逐步形成热点地区多网并存、边远地区一网托底的移动通信网络格局。加快 2G、3G 网络退网，统筹 4G 与 5G 网络协同发展。鼓励工业制造、交通物流、智慧城市、政务服务、高新视频等领域开展 5G+ 融合应用示范。有序推动 5G 网络在能源、教育、工业、交通运输、文化、旅游、媒体、医疗等重点行业优先覆盖，逐步实现 5G 在城镇、高速铁路、高速公路等重点区域连片优质覆盖，以及中心城区、交通枢纽、物流园区、商业楼宇、重点医院、疾控中心、工业园区、高等院校、热点景区等区域深度覆盖，推进农村家庭百兆光纤、乡镇以上区域和重点行政村 5G 网络全覆盖。

三、优化升级骨干网和城域网

抢抓长沙国家级互联网骨干直联点开通的契机，提升湖南网间流量疏导效率，打造区域性互联网枢纽。提升骨干网络承载能力，部署骨干网 200 G/400 G 超大容量光传输系统，打造 P 比特级骨干网传输能力，引导 100 G 及更高速率光传输系统向城域网下沉，加快光传送网（OTN）设备向综合接入节点和用户侧延伸部署。持续优化长沙国际互联网数据专用通道网络的稳定性和访问质量。开展数据中心直联网络建设，优化数据中心互联能力，加快骨干网向以云计算数据中心为核心的云网融合架构演进。强化骨干网、城域网与光接入网的匹配度，推进软件定义网络（SDN）、网络功能虚拟化（NFV）、IPv6 分段路由（SRv6）、虚拟扩展局域网（VXLAN）等技术和全光交叉（OXC）等设备规模化应用。

专栏 4-1

长沙国家级互联网骨干直联点实现湖南网络“绕道”变“直行”

作为全国“信息高速公路的汇聚枢纽”，国家级互联网骨干直联点主要用于汇聚和疏通区域乃至全国网间通信流量，是网络互联互通的关键枢纽和国家信息基础设施的重要组成部分。其直接作用是降低跨区域的网间流量绕转，让网间通信由“绕行”变为“直行”，提高网络连接速度和质量，提升用户互联网使用体验。

2022 年 4 月，工业和信息化部批复同意增设长沙国家级互联网骨干直联点（以下简称长沙直联点）；2022 年 9 月 9 日，长沙直联点正式建成投入使用，成为全国第 21 个开通的国家级互联网骨干直联点，也是全国从获批到建成速度最快的直联点。长沙直联点实现了省内三大运营商之间两两互联，互联开通带宽达到2 400 Gbps，省内本地网间时延降幅接近80%，丢包率基本为0。同时，骨干网完成与全国25个省（区、市）的直联，进一步增强了湖南省网络的可靠性和安全性。

——选编自湖南省人民政府门户网站相关文章

四、积极推进物联网全面发展

加快城市管理、城市建设、公共安全、医疗卫生等重点领域物联网终端和智能化传感器规模部署，统筹移动互联网和窄带物联网（NB-IoT）协同发展，逐步在湖南实现NB-IoT网络全覆盖，以及交通路网、城市管网、开发区等应用场景深度覆盖。加快移动物联网平台建设，支持基础电信企业建设综合性物联网管理平台，引导重点领域企业搭建垂直行业应用平台，满足差异化场景应用需求。推动移动物联网创新发展，大力发展农业物联网、能源物联网、医疗卫生物联网等基于物联网的专用网络设施，拓展基于移动物联网技术的新产品、新业态和新模式，打造一批移动物联网标杆工程。争取在湖南建设国家物联网根节点平台区域二级节点，建设区域和行业物联网标识领域应用推广中心，并与国家顶级节点实现对接。

五、构建融合应用的空间基础设施

推进区块链与工业互联网协同创新，积极申请“星火·链网”超级节点、骨干节点。推动卫星通信、卫星遥感、卫星导航定位基础设施升级换代，积极探索天地一体化、第六代移动通信技术等未来网络布局建设，发展高中空飞机、低空无人机、地面遥感等遥感系统，建成多源遥感数据一体化综合服务平台。推进湖南卫星导航定位基准站建设，实现北斗时空基准服务网络全覆盖。建设国家北斗数据中心湖南分中心，为社会提供跨行业、跨层级的北斗数据服务。重点推进北斗增强系统、应用服务支撑、干扰监测系统、室内外无缝定位和导航、位置数据融合应用基础设施等服务平台建设，推进以国家安全领域、关键重点行业和大众消费等为主要内容的“北斗 + 低空综合监管、5G 规模组网、金融、能源、智慧民航、交通、自然资源、生态环境、城市建设、智慧水利”等项目建设和以“无人机物流试点应用、通航应急救援应用、林业空地一体化应用、无人机数字农业应用”等为主要内容的“低空经济 + 北斗”项目建设，推动北斗数据在移动通信网络、物联网、车联网、应急通信中的规模化应用。

第二节

优化布局算力基础设施

加强算力建设统筹规划，系统优化算力基础设施布局，加快建设以超级计算中心、新型数据中心为主体的算力基础设施，推动算力协作、算力路由、算力交易等算力网络基础设施建设，实现云网协同和算网融合发展，打通经济社会发展的信息“大动脉”。

一、积极布局一体化大数据中心

一体化大数据中心是数字经济重要的基础设施，直接关系到数据的有效通畅与应用，在支撑数字经济健康发展、推动数据配置市场化改革、“双碳”目标实施和加快数据中心产业转型发展等方面都有着深远的意义，因此，在推进数字湖南建设过程中，应积极布局一体化大数据中心。一是加快湖南一体化大数据中心的顶层设计，出台一体化大数据中心协同创新体系实施意见，统筹布局建设大数据中心，引导超大型、大型数据中心在湖南集聚发展。二是积极引进基础电信运营商以及互联网、银行、证券、保险、物流等重点企业的全国性或区域性数据中心，争取在能源、农业种业、交通物流、卫生健康、计量等领域布局国家级行业数据中心。三是打造数据汇聚、融合、处理、应用、交易、流通的国家级数据枢纽中心。规范数据中心跨网、跨地域数据交互，促进互联网企业、云服务商、电信运营商等多方数据互联互通，实现数据高质量传输。

二、优化发展超级计算中心

超级计算中心能为前沿科学领域开展科学数据处理和先进计算服务提供支撑，是人类探索未知世界的重要科学手段。发展超级计算中心是建设数字湖南、优化布局算力基础设施的重要内容。一是推进国家超级计算长沙中心建设，深化超算云平台应用，重点围绕人工智能、生物医药、物理化学材料、大气海洋环境等前沿科学领域，开展科学数据处理和先进计算服务。二是积极融入国家科技创新网络，实现国家级超算中心高速宽带互联。以国家超级计算长沙中心为依托构建超级计算软件生态，建设国内高性能计算人才聚集地和国内外重要并行应用软件研发基地，开展异构计算、并行编译、并行优化等关键核心技术研究，推动形成规模级安全可控的国家信息技术产业集群。三是积极推动超级计算中心与人工智能、区块链等技术不断集成、融合，优化算力算法，搭建综合公共服务平台和人工智能开放创新平台。在工程机械、轨道交通、航空动力、工程仿真、生物医药、能源勘探、天气预报等领域培育一批智能超算重大应用，提升超级计算中心的运行效能。

专栏 4-2

“东数西算”工程

“东数西算”中的“数”，指的是数据，“算”指的是算力，即对数据的处理能力。“东数西算”工程是通过构建数据中心、云计算、大数据一体化的新型算力网络体系，将东部算力需求有序引导到西部，优化数据中心建设布局，促进东西部协同联动。2022 年 2 月，我国在京津冀、长三角、粤港澳大湾区、成渝、内蒙古、贵州、甘肃、宁夏等地启动建设国家算力枢纽节点，并围绕国家枢纽节点布局国家数据中心集群。至此，全国一体化大数据中心体系完成总体布局设计，“东数西算”工程正式全面启动。简单地说，“东数西算”工程就是让西部的算力资源更充分地支撑东部数据的运算，更好为数字化发展赋能。

——选编自新华社 2022 年 2 月 17 日相关文章

三、探索建设边缘计算中心

边缘计算集成了网络、存储、计算和应用等核心能力，能产生更快的网络服务响应，可满足各行各业在实时业务、智能应用、安全和隐私保护等方面的基本需求，是建设数字湖南的重要内容。一是探索布局低时延、高可靠、云边协同分析的边缘计算基础设施，支持在工业、车联网等领域合理布局边缘计算中心，打造一批边缘计算应用示范试点。二是推动市政、交通、电力、公安等设施资源共享，探索利用变电站开展边缘计算中心建设。鼓励城区内的数据中心作为算力“边缘”端，满足 VR/AR、超高清视频、车联网、智能制造、智慧安防等对实时性要求高的业务的需求。三是推进云边协同发展，加强大型数据中心与边缘计算中心的资源协同、应用协同、数据协同，实现边缘计算中心的负荷分担和智能调度。

四、统筹创建智能算力中心

人工智能算力中心既能用于人工智能深度学习模型开发、模型训练和模型推理等场景，也能提供从底层芯片算力释放到顶层应用使能的全栈能力，还能推动人工智能产业集聚发展，因此，在建设数字湖南过程中，应统筹创建智能算力中心。一是开展人工智能计算中心布局，搭建公共算力服务平台，推进建设国产化、自主可控的智能计算中心，提供人工智能应用所需算力服务、数据服务和算法服务。二是鼓励长株潭城市群等人工智能创新资源丰富、发展基础较好的区域，围绕“算力、数据、算法”研发与应用，以人工智能产业集聚为依托，基于人工智能计算架构，构建公共算力基础设施，不断提升算力使用效率和原创算法迭代效率，有效增强算力基础设施社会服务能力。三是加快国家超级计算长沙中心算力升级改造，加快部署天河新一代高性能计算机系统，完成面向大规模数值模拟的运行支撑系统、面向 E 级系统的科学计算软件框架以及海量数据深度学习环境的研制与整体联调测试，推进湖南城际网络高带宽、低时延、高并发和智能化改造，提升算力使用效率和人工智能算法原始创新能力，构建高弹性、可扩展的智能计算中心集群。

第 三 节

稳步发展融合基础设施

发挥新一代信息技术对经济社会各领域的赋能作用，促进融通创新，推动交通、物流、能源、市政等基础设施智慧化改造，提升基础设施网络化、智能化、服务化、协同化水平。

一、数字化改造传统基础设施

打造智慧便捷的交通基础设施，打造集约环保的市政基础设施，推进供水、排水、燃气、热力等设施智能化感知设施应用，提高设施运行效率和安全性能，提升城市数字化治理水平和服务能力。建设 5G 智慧灯杆，实现挂高资源的共享和数字化改造，提供智能照明、视频监控、交通管控的公共应用与服务。大力推进桥梁、隧道、管廊管道和水库大坝等大型基础设施的数字化改造。提升各类市政、园区、社区、医院、学校和商业楼宇等城市设施互联感知能力。推进智能交通灯、智能潮汐车道、智能停车引导等智慧治堵手段广泛应用。加快智慧公路建设，推进全省重点公路智能化、网联化改造，进一步推动充（换）电站、加氢站、智能充电桩等新型车用能源基础设施建设。加快长沙国家级车联网先导区建设，搭建支持高级别自动驾驶运行的高可靠、低时延专用网络，建设 G4 京港澳高速湖南段扩容智慧公路。发展智慧能源，提高能源供需匹配精准化、智能化水平。加快智慧物流建设，推进物流园区、大型仓储基地等数字化改造。

二、推进基础设施跨行业共建共享

加强跨部门沟通合作，推动党政机关、事业单位、国有企业开放公共设施和建筑等，为通信网络基础设施建设进场、施工、维护提供便利。加强新型数字基础设施相关规划与国土空间等规划衔接，推动新型数字基础设施纳入国土空间规划并在控制性详细规划中严格落实。加强新型数字基础设施规划与电力设施相关规划的有效衔接和协同建设，保障数据中心、移动基站等设施的电力供应。推进通信设施与市政、交通、电力、公安、应急等设施资源共享，实现管孔、杆塔、站址、机房等资源双向开放。统筹优化自然人、法人、自然资源和地理空间、信用信息、电子证照等基础数据库建设，依法推动数据开放共享。

第5章

培育数字产业化新动能

推动数字产业化。充分发挥数据新要素的重要作用，培育壮大数字经济核心产业。

——《湖南省国民经济和社会发展第十四个五年规划和二〇三五年远景目标纲要》

当今世界，互联网、大数据、人工智能等现代信息技术不断突破，数字经济蓬勃发展，成为全球经济增长新动能。湖南要牢牢把握新一轮科技革命和产业变革的发展机遇，深度融入数字中国发展新格局，持续增强优势数字产业竞争力，积极抢占未来数字产业新赛道，强化关键核心数字技术创新应用，不断激发市场主体活力，全力培育数字产业化新动能。

第一节

持续增强优势数字产业竞争力

近年来，湖南积极发展数字产业，在信创、移动互联网、集成电路等领域形成了一定的竞争优势。湖南需要进一步加强顶层设计，推进全局谋划，聚焦人工智能、集成电路、移动互联网、大数据等优势产业和特色产业，强化项目招引、自主延链、吸引配套，加强关键核心技术攻关，提升产业链现代化、产业基础高级化水平，锻造一批具有湖南特色的标志性数字产业。

一、培育发展信创产业

信创产业，即信息技术应用创新产业，是数据安全、网络安全的基础，也是新基建的重要组成部分。湖南在信创产业领域具有了一定优势，自主可控计算机、高端芯片及信息安全等领域技术创新取得突破，涌现“天河”系列超级计算机、飞腾 CPU+ 麒麟操作系统、高压高功率密度绝缘栅双极型晶体管芯片及其模块等一批自主创新重大成果，飞腾 CPU、麒麟操作系统成为国家信创产业发展的核心基石。但湖南发展信创产业起步相对较晚，产业生态、创新发展等方面还存在一些短板，需要进一步加大支持力度，打造引领国家网络安全产业发展的战略高地。

完善产业生态。充分发挥国家网络安全产业园区（长沙）辐射带动作用，以“PK”（飞腾处理器 Phytium、麒麟操作系统 Kylin）、“鲲鹏”两大体系培育为突破口，加快发展基础软硬件、整机及外设等产品，深入挖掘省内自主可控特色优势产品，提升产业链水平，打造“开放联合”的产业生态。

增强核心竞争力。推动信息技术应用创新向重点行业拓展，加大信息技术应用创新适配中心和运维服务等公共服务平台建设，积极开展下一代 CPU 和操作系统、量子计算机等领域的关键技术研发，支持优势企业进入国家名录，参与或主导细分领域标准建设。提升国家网络安全产业园区（长沙）建设水平，打造引领国家网络安全产业发展的战略高地。

二、发展壮大新型显示器件产业

作为数字经济时代信息显示的重要载体，新型显示器件已成为升级信息消费、壮大数字经济、发展电子信息行业过程中的关键环节。近年来，中国新型显示器件产业规模快速增加，TFT-LCD（薄膜晶体管液晶显示器）产能全球第一，OLED（有机发光二极管）产业规模不断扩大，已经初步形成了以京津冀、长三角、东南沿海以及成渝鄂等地区为代表的新型显示产业格局。未来，随着韩国 TFT-LCD 产能的逐步退出，全球新型显示器件产能将加速向中国转移。湖南要紧紧把握全球新型显示器件产能将加速向中国转移的重大机遇，引进一批重大企业，加强产业配套支撑，逐步形成产业布局优、链条构架全、创新能力强的新型显示器件产业链，将新型显示器件产业打造成为湖南工业新兴支柱产业。

实施“强玻引屏补端”计划。以柔性、超高清、高性价比为发展重点，提升消费电子品防护玻璃、特种玻璃等重点产品的市场地位，推动玻璃基板、触摸屏单体和模组提质扩产，加快大尺寸显示面板、柔性屏、智能显示终端等项目的布局，加强 Micro LED（微型发光二极管）、量子点等前瞻技术的研究。

构建产业生态体系。充分发挥马栏山视频文创产业园生态平台优势，推动 5G、AI、计算机等产业的跨界融合，深化面板企业与终端企业合作。发展 IC（集成电路）驱动芯片、ITO（氧化铟锡）靶材、真空镀膜设备等基础零部件、关键材料和关键装备，提升产业链整体配套能力。

三、错位发展集成电路产业

集成电路是信息产业的基础、工业产业的粮食、安全的根本，更是数字经济发展的基石。湖南正加快集成电路产业发展步伐，已经初步形成以芯片设计和IGBT为特色的长沙、株洲两大产业集聚区。但近年来全球晶圆厂产能紧张，特别是汽车芯片断供，供需矛盾愈加明显，企业普遍反映发展后劲不足。湖南要立足设计领域的优势，加快形成以设计业为龙头、特色制造业为核心、装备及材料等配套产业为支撑的发展格局，打造全国功率器件中心、第三代半导体重要基地、集成电路设计和装备特色集聚区。

提升集成电路设计业。集成电路设计处于集成电路产业链的最前端，是集成电路产业的核心环节，涵盖前端设计、后端设计以及验证测试等领域。集成电路的设计水平直接决定了芯片的功能、性能及成本。应进一步加强技术创新、市场拓展等方面的资源共享和优势互补，力争在CPU、GPU、DSP、SSD、4K/8K、5G等高端芯片产业化上实现突破。

壮大集成电路关键设备。集成电路制造过程中涉及众多关键装备，主要包括离子注入机、光刻机、刻蚀机、薄膜沉积设备、清洗设备等。应充分立足自身产业基础和重点领域优势，发展离子注入机等集成电路装备，研发光刻机、刻蚀机等关键设备技术，提升集成电路国产化装备的成套建设能力和水平。

布局新一代半导体产业。推动IGBT、第三代半导体等重大项目，构建完善产品链，促进氮化镓和碳化硅器件制造技术开发，发展器件级、晶圆级封装和系统级测试技术，提升工艺技术水平，加快实现规模化生产能力。推进功率半导体器件创新中心等创新平台建设，探索行业共性关键技术联合攻关和产业化路径。

四、做强做优移动互联网产业

移动互联网早已飞入寻常百姓家，为数字经济发展打下了坚实的用户基础，成为驱动经济增长的新引擎。湖南移动互联网产业初具规模，但缺乏龙头企业，新的产业业态需要进一步培育。为此，湖南要积极引进、培育龙头企业，大力发展新业态、新模式，加快建成国内领先的移动互联网产业集群，打造全国产业互联网高地。

提升消费互联网。聚焦移动电商、移动新媒体、移动生活服务、动漫游戏等细分优势领域，加快无人零售店、自提柜、云柜等新业态布局，支持电子竞技、直播电商、社交电商等发展，推出一批新型信息消费项目，培育100家营收超1亿元的骨干龙头企业，营造凸显湖南特色的消费互联网产业生态圈。

发展产业互联网。大力发展面向制造业的信息技术服务业，培育智能制造解决方案及工业软件产品，提高制造业柔性化和个性化定制服务能力。鼓励互联网企业无缝对接制造企业，运用新一代信息技术提供产品、市场的动态监控和精准营销服务。

推广工业电子商务。支持工业企业应用互联网实现采购销售的在线化、网络化、协同化，推动企业降本、提质、增效和创新管理模式。引导大型制造企业采购销售平台向行业电子商务平台转型，提高企业供应链协同水平。引导第三方工业电子商务平台向网上交易、支付结算、供应链金融、大数据分析等综合服务延伸。

五、大力发展工业互联网产业

作为第四次工业革命的重要基石，工业互联网为产业数字化和数字产业化提供了关键基础设施支撑和产业生态基础，成为数字经济创新发展的关键。湖南要坚持问题导向，针对工业互联网发展的薄弱环节进行改进完善，以工业互联网开启湖南数字经济发展新时代（图 5-1）。

建设工业互联网平台体系。推动优势产业链骨干龙头企业建立企业级工业互联网平台，提升产业链协同能力。大力发展特色产业集群工业互联网平台，提升产业集群基础能力。支持制造业企业、互联网企业等牵头或联合建设工业互联网平台，加强平台测试验证，提升平台技术和服务水平。鼓励有条件的行业龙头企业与相关机构合作，建设本行业标识解析二级节点，构建多层次平台体系。

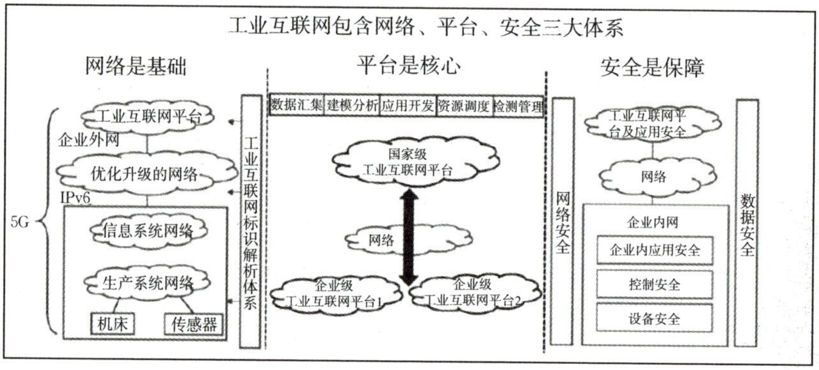

图 5-1　工业互联网三大架构体系

促进工业互联网平台应用推广。推动特色产业集群工业互联网创新应用试点示范，围绕特定行业、场景推动“企业上云上平台”，引导企业个性化、定制化“上云”，培育“上云上平台”新业态、新模式。

完善工业互联网生态体系。构建工业互联网供给资源监测机制，培育、引进一批工业互联网解决方案商，推动解决方案商与制造企业精准对接、深度合作。推动建设一批特定行业、集群、场景的生产流程优化、质量分析、设备预测性维护、智能排产等工业 APP。

六、大力发展物联网产业

物联网作为数字经济的重要基础设施之一，是传统产业数字化转型的重要手段，亦是实现经济高质量发展的“内燃机”，有助于进一步推动实体经济的数字化与数字经济的普及化，从根本上实现数据要素资源配置的优化。近年来，物联网产业市场快速发展， 成为未来五年甚至十年的大赛道。据 Statista 统计数据，2022 年全球物联网市场规模达到 9 702.2 亿美元，到 2028 年，全球物联网市场规模将增长至 2.2 万亿美元（图 5-2）。湖南物联网产业发展初具规模，涉及传感器、芯片设计、电子标签与读写机具、智能终端、应用软件、系统集成等领域。但湖南物联网产业发展存在基础设施建设相对滞后、应用推广较难等实际困难，需要予以重点解决。湖南应大力推动物联网基础设施在全省范围内形成有效覆盖，建成若干国内先进的物联网应用示范区。

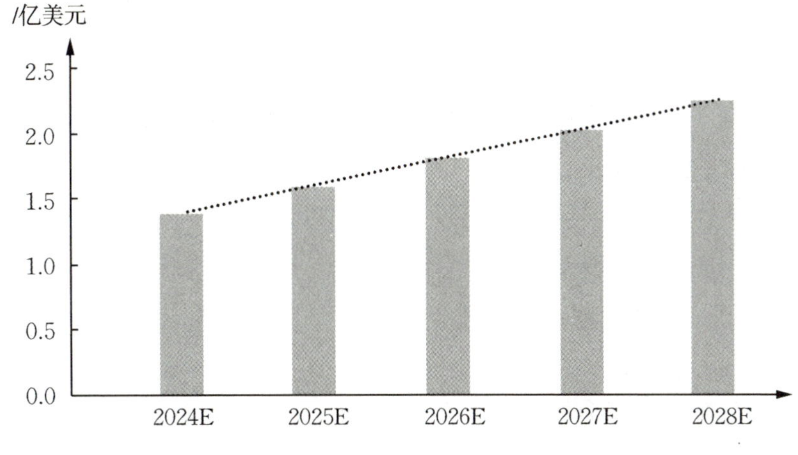

图 5-2 全球物联网市场规模（亿美元）及同比增速

资料来源：前瞻产业研究院。

推进感知互联基础设施建设。支持电信运营商加快部署广覆盖、大连接、低功耗窄带物联网，推动物联网的规模部署与集成应用，实现面向室内、交通路网、地下管网等应用场景的深度覆盖。推动 5G 网络与泛在感知、万物互联等物联网技术融合应用。

发展物联网基础产业。大力培育传感器、RFID（射频识别）产品、嵌入式芯片、传感网络设备等物联网产品制造业，加快发展嵌入式软件、网络服务、传感网智能管理等物联网服务业，重点开发一批典型行业和领域测控系统解决方案，提供设备运行维护、远程监测诊断等服务，打造物联网核心产业集群。

深化物联网基础应用。面向交通、医疗、能源等重点领域，深入推广物联网技术的应用。发展导航及定位系统、车载物联网终端等，形成一批与行业特点紧密结合的车联网解决方案。推进诊断装备、治疗装备的网络化、自动化、智能化，发展医疗物联网产业。培育基于传感器技术、NB-IoT/5G 通信模组、边缘计算技术等的能源物联网产业。

七、集聚发展人工智能产业

在新科技革命和产业变革的大背景下，人工智能与产业深度融合，是释放数字化叠加倍增效应、加快战略性新兴产业发展、构筑综合竞争优势的必然选择，尤其是大模型（LLM）推动人工智能快速进化到 AGI（人工通用智能）阶段。近年来，湖南人工智能产业保持快速增长，在智能工程机械、智能网联汽车等领域加速应用，但总体规模相对较小。《2023 年湖南省人工智能和大数据产业发展年度报告》显示，2023年全省人工智能核心产业产值达到189亿元。此外，湖南在人工智能芯片、高端工业软件等一些重点行业的核心技术和关键产品研发对标国际先进水平存在差距，人工智能产业缺乏龙头企业和独角兽企业，相关企业以中小企业为主，存在技术雷同、同质化竞争的情况。未来，湖南需要进一步扩大全省智能经济规模，建设一批省级人工智能产业园，打造一批具有核心竞争力的人工智能骨干企业，培育形成具有重大引领作用的人工智能企业和产业。

加快关键核心技术研究。重点围绕信息通信、工业电子等应用领域，发展高性能、低功耗、低成本传感产品和敏感元器件，促进基于微机电系统等工艺的新型智能传感器研发，发展基于磁感、超声波等新原理的智能传感器。推动语音图像识别、机器学习等关键技术研究，开发智能装备和智能终端等嵌入式系统。围绕新型架构芯片等方向布局科研攻关专项，引导区内优势单位加强国产软硬件协同创新，开展新架构、新工艺探索。支持大模型围绕模型对齐、增量训练、个性化微调、智能体等环节开展前瞻性研究。

培育智能产品。发展智能控制产品，培育具备复杂环境感知、智能人机交互等特征的智能网联汽车、智能工程机械等技术和产品。培育智能理解产品，促进医疗影像辅助诊断系统、视频图像身份识别系统等技术研发和产业化。推动智能硬件普及，深化人工智能技术在智能家居、移动智能终端等领域的应用。

发展人工智能核心产业链。依托湖南先进轨道交通、智能网联汽车等产业，带动汽车电子、北斗导航及位置服务等支撑产业发展。依托工程机械等产业，促进无人驾驶、远程智能控制技术创新与应用。推动湖南电子信息产业骨干龙头企业向人工智能产业转型升级，提供智能产品、解决方案和智能服务。实施大模型示范应用推进计划，重点支持在智能制造、生物医药、集成电路、智能化教育教学、自动驾驶、机器人、数字政府等领域构建示范应用场景，打造标杆性大模型产品和服务。

八、全面发展大数据产业

大数据是信息技术发展的必然产物，更是信息化进程的新阶段，其发展推动了数字经济的形成与繁荣，成为数字经济发展的助推器。湖南大数据发展处于大有作为的重要战略机遇期，需要进一步扩大大数据产业规模，培育一批大数据应用及服务骨干企业，建设一批工业大数据示范平台。

加快大数据技术研发。促进大数据基础类技术研发，发展分布式数据库、数据集成工具等技术。促进分析类技术研发，发展数据挖掘工具、可视化工具等技术。推进管理类技术研发，发展数据管理平台、数据流通平台等技术。

完善大数据基础设施。整合已有数据中心资源，建设安全、绿色的高性能数据中心，分类分级打造云计算平台，着力提升重点行业、重点企业的云平台能级，建设若干行业性数据汇聚平台，着力提升数据资源的采集能力。

提高大数据产业能级。促进工业大数据发展，推动大数据在研发设计、生产制造等产业链各环节的应用，研发面向不同行业的大数据分析应用平台。促进服务业大数据发展，利用大数据支持品牌建立、精准营销和定制服务等。推进不同行业大数据聚合，培育数据服务、数据分析、大数据交易治理等新业态。

专栏 5-1

贵州“聚通用”建设让大数据更有价值

近年来，贵州在大数据发展方面始终走在全国前列，从根本上带动了该省数字经济的发展，加速了经济社会发展新动能的转换。贵州大数据发展可以归纳为三个方面：大数据建设前提在“聚”，关键在“通”，目的在“用”。

强化“聚”，构建全省一体化的数据中心体系。建成全国首个全省政府数据统筹存储、共享开放和开发利用的云服务平台——“云上贵州”系统平台，面向全省提供统一的云计算、云存储、云安全、数据库等多项服务。各地不再单独建设当地政府的云平台和数据中心，极大避免了重复建设和资源浪费。

强攻“通”，打通数据开放共享的经脉。基于“云上贵州”系统平台，统筹搭建了省级统一的数据共享交换平台——贵州省数据共享交换平台。建设 4 大基础库、7 大主题库，形成全省政务数据共享资源池。

强推“用”，释放数据开放共享红利。“电子政务云”——面向公众提供集信息公开、便民服务、网上办事为一体的一网式公共服务。“云上贵州多彩宝”移动服务平台——集成全省各级各部门政务民生服务。开展了政府大数据应用专项行动，重点培育一批典型示范项目，着力解决政府数据碎片化、应用条块化、服务割裂化、实用低价值化等突出问题。

——选编自《贵州省关于加强数字政府建设实施方案》等资料

第二节

积极抢占未来数字产业新赛道

发展未来数字产业是把握新一轮科技革命和产业变革新机遇的战略选择，全球互联网巨头继续加快布局元宇宙等未来数字产业步伐，抢占数字经济发展先机。湖南要紧紧把握产业变革和技术革命趋势，超前布局未来数字产业，积极推进超高清视频、区块链、智能网联汽车、网络安全、量子信息、元宇宙等领域创新发展，构建一批产业发展新引擎，抢占战略制高点。

一、积极布局超高清视频产业

超高清视频是继视频数字化、高清化之后的新一轮重大技术革新，将带动视频采集、制作、传输、呈现、应用等产业链各环节发生深刻变革。加快发展超高清视频产业，对满足人民日益增长的美好生活需要、驱动以视频为核心的行业智能化转型、促进我国信息产业和文化产业整体实力提升具有重大意义。中国超高清视频市场发展潜力大，近年来一直呈现增长趋势。中商产业研究院发布的《2023—2028年中国超高清视频专题研究及发展前景预测评估报告》显示，截至2022年年底，我国超高清视频产业规模约3万亿元，到2025年将达到5万亿元。湖南要聚焦超高清视频产业链条长、辐射范围广、带动效应强等特点，大力实施“112”工程（建成一园、培育一链、实现产业规模两千亿元），不断加快内容频道建设，壮大“中国V谷”等超高清视频产业集群，积极创建具有全球影响力的超高清视频内容生产基地和应用示范区（图5-3）。

丰富超高清电视节目供给。大力发展4K/8K等数字内容制作，推动超高清视频节目制作、包装、总控播出、传输系统升级改造，开展超高清视频直播服务。支持超高清电视内容集成平台、直播分发平台、摄制平台及制作生产基地建设。

促进行业应用。构建“广电＋互联网”智能一体化平台，打造智能新媒体平台。支持超高清视频与增强现实、虚拟现实、人

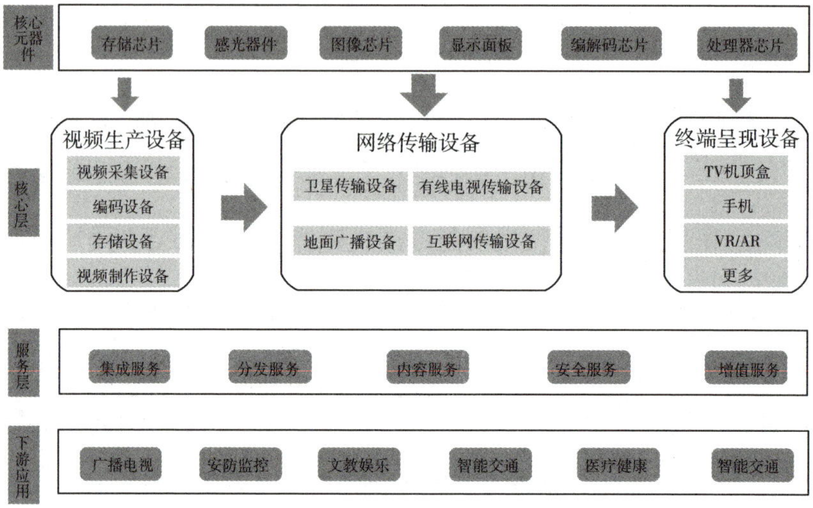

图 5-3　超高清视频行业产业链图谱

资料来源：前瞻产业研究院。

工智能、5G 等技术的融合创新，鼓励超高清视频在安防监控、医疗健康、智能交通等领域的应用。

强化产业支撑。加大光学镜头、CMOS（互补金属氧化物半导体）感光器件、编解码芯片、前端核心设备等产品研制，发展超高清显示设备等终端、整机产品和系统，建设超高清测试验证平台。研发面向广播电视、工业制造等领域的超高清视频技术和产品，推动超高清视频监控、工业相机、医疗影像设备等行业专用系统设备的产业化。

二、超前发展区块链产业

随着数字经济的蓬勃发展，区块链技术在构建大范围、深层次可信价值网络中的支撑作用不断凸显，成为支撑数字中国战略的重要基础。近年来，湖南积极发展相关技术，长沙、娄底、衡阳加快布局抢抓区块链产业发展机遇，布局星沙区块链产业园、长沙区块链产业园、娄底市区块链产业园、湘南湘西区块链产业园，在区块链 + 政务、区块链 + 金融、区块链 + 文创版权、区块链 + 工业互联网、 区块链 + 食品溯源、区块链 + 快捷支付、区块链 + 教育、区块链 + 能源、区块链安全、底层平台等领域开展了示范建设，湖南区块链产业走在全国前列。从长期发展来看，湖南区块链面临核心能力技术不强、龙头企业不多等难题。未来，湖南要持续攻克一批关键核心技术，拓展一批典型应用场景，形成一批具有全国影响力的区块链龙头企业。

加快关键核心技术突破。鼓励面向国产操作系统和芯片的区块链底层技术研发，在加密算法、共识机制、智能合约、侧链与跨链等核心技术上取得突破。建立整合产学研用的应用孵化中心，在应用框架、分布式存储、可信执行环境等方面快速突破，打造面向行业的区块链应用技术体系。

培育区块链产业生态。促进区块链和人工智能、大数据、物联网等前沿信息技术的深度融合，推动集成创新和融合应用。培育发展一批区块链龙头企业，加快企业联盟链、私有链的发展，探索区块链技术与实体经济深度融合新模式。

积极拓展区块链应用场景。推动区块链技术在社会治理、社会救助、知识产权、供应链、工业检测存证等领域的应用，探索数字经济模式创新。促进区块链技术在中小企业贷款、银行风控等金融领域和教育、就业、养老、医疗健康等民生领域的应用。依托新型智慧城市建设，探索区块链数据共享模式，促进政务数据跨部门、跨区域共同维护和利用。

三、持续壮大智能网联汽车产业

智能网联汽车是车联网与智能车的有机结合，逐步成为智能移动空间和应用终端的新一代汽车。在汽车行业大变局中，具备电动化、智能化与网联化三大特征的智能网联汽车顺应行业变革趋势，已成为国家重点扶持的新兴产业之一及各整车厂重点发力方向。湖南智能网联汽车产业主要集中在长沙市，具有较强竞争力。截至 2024 年 1 月，长沙市智能网联汽车产业已聚集近 400 家相关企业，不仅拥有独角兽企业希迪智驾，还有中车智行、湖大艾盛、硕博电子等一批国家级专精特新“小巨人”企业，产业发展综合竞争力排全国第 5 名，长沙成为国内唯一拿到智能网联汽车领域四块国家级“牌照”的城市。未来，湖南将聚焦龙头企业，提升产业链供应链韧性和安全水平，加快打造全国智能网联汽车高地。

聚焦三个重点领域。一是整车方面，重点推进智能网联技术在中高端乘用车及商用车上的渗透应用。二是关键零部件方面，重点推动新能源（含氢能源）及智能网联增量零部件领域关键技术的研发攻关和相关配套产业发展。三是延伸产业方面，重点推进智能网联汽车与工程机械、农业机械等湖南传统优势产业，以及智慧城市建设等新兴领域的深度融合和延伸发展。

抓好五大主要任务。一是全面提升产业创新能力，加强协同创新体系建设，提升企业自主创新能力，完善检测试验认证能力与标准体系建设。二是加速推进产业转型升级，推动产业智能化升级、绿色化发展、服务化转型。三是加快提升产业链现代化水平，补齐产业链短板，锻造产业链长板，促进产业链延伸。四是持续构建良好产业生态，完善产业空间布局，拓展示范应用场景，培育优秀市场主体，提升园区综合承载能力。五是进一步完善基础设施建设，以充电基础设施、路侧基础设施及网络基础设施为重点，加快完善智能网联汽车基础设施体系。

专栏 5-2

长沙畅游智能网联汽车“新蓝海”

2016 年年底，为抢抓未来产业发展机遇，长沙市以湖南湘江新区为核心布局智能网联汽车产业。

2018年，湖南湘江新区智能系统测试区顺利建成，成功获批工业和信息化部颁发的国家智能网联汽车（长沙）测试区“牌照”。该测试区占地1200余亩，是当时国内面积最大、功能最完备、智能场景最丰富的智能网联汽车封闭测试场。

2020年，智能驾驶技术发展方兴未艾，随着第二块国家级“牌照”——湖南（长沙）国家级车联网先导区的颁发，长沙智能网联汽车产业发展得到“提速”，加之《长沙市智能网联汽车道路测试管理实施细则（试行）V2.0》的发布，智能网联公交等新兴产品开始在道路上活跃。

2021年，在获得国家智能网联汽车质量监督检验中心（湖南）“牌照”的同时，中汽院智能网联汽车检测中心（湖南）有限公司落户长沙，让长沙有能力有资质对智能网联汽车进行质量检测，当时全国拥有这项“权力”的城市不超过3个。

同年，长沙获得智慧城市基础设施与智能网联汽车协同发展试点城市“牌照”，意味着智能网联汽车将不仅仅作为一个产业存在，而是深度融入智慧城市网络建设中，成为一座“智慧型”城市的“标配”。

2023年，长沙市智能网联汽车道路测试联席工作小组会议审议了V5.0版《长沙市智能网联汽车道路测试与示范应用管理细则（试行）》。新版管理细则的出台，加速推动了智能网联汽车创新应用场景落地。

现在，越来越多的智能信号灯、智能网络箱在长沙出现，全市智能网联汽车产业发展迈上新台阶。

——选编自长沙市工业和信息化局官方网站相关文章

四、积极发展网络安全产业

随着人工智能、量子科技、卫星互联网、6G 等新技术新应用高速发展，网络攻防进入智能化对抗时代，勒索软件攻击、分布式拒绝服务（DDoS）攻击、数据泄露等成为网络安全的热点话题，网络安全事件不断爆发，推动网络安全产业持续发展。《中国网络安全产业分析报告（2024 年）》数据显示，2023 年，我国网络安全市场规模约为 640 亿元，同比增长 1.1%。近年来，湖南积极发展网络安全产业，拥有国家认定的第二个网络安全产业专业园区，逐步形成了以国防科技大学为技术策源地，以中国电子、华为等为龙头的网络安全产业链。但湖南网络安全产业的总体规模较小，缺少重大创新平台和人才，亟须建立一批国家级研发机构、省级研发机构，引进和培育一批高端人才，进一步扩大网络安全产业规模。

实施产业发展工程。针对产业链上游，强化芯片优势领域，培育发展中间件等基础软件领域；针对产业链中游，做大计算机整机产业，培育其他应用前景广阔的智能终端及设备；针对产业链下游，拓宽行业领域的试点应用，优化新兴技术安全需求的供给。

实施技术创新引导工程。推动网络空间安全一体化防护技术攻关，强化网络安全未知威胁检测技术、态势感知预测技术、网络攻击实时防御技术研发。支持开展信息对抗与密码技术研究，促进商用密码技术发展应用。

实施重大平台创建工程。加快国家网络安全产业园区（长沙）、长沙网络安全研究总院、网络安全重点实验室建设，推进网络安全测试验证、产品检测、实训演练等公共平台建设；建设信息技术创新适配及应用中心、网络安全运营及应急响应中心、网络安全测试认证中心、工业互联网安全应用推广中心。

实施人才培养工程。建设一流网络空间安全学院，大力推进湘潭大学网络安全空间学院建设，支持国防科技大学、中南大学、湖南大学等建设一批特色化示范性网络安全和信息技术类学院，推动建设网信职业技术学院和北斗应用学院，创新人才培养模式，组织开展“湖湘杯”网络安全技能大赛。

五、发展壮大量子信息产业

量子信息技术作为最具颠覆性的前沿科技，正加速从实验走向产业化。我国高度重视量子信息产业的发展，从“十一五”规划到“十四五”规划，都将量子信息作为发展重点。湖南在量子信息产业方面的积累较少，缺少重大平台尤其是龙头企业的引领，要在关键核心材料和仪器装备、量子计算、量子网络与信息安全等领域取得创新突破，建设一批国家级量子科技创新平台与量子信息产业园，打造若干量子信息技术孵化平台、共享共用中试平台、产业研究院，培育多个具有重要影响的量子科技龙头企业，形成贯穿量子信息上中下游的全产业链条，在量子通信、量子计算、量子测量等领域实现大规模商用。

打造一批创新平台。夯实湖南量子科技在原创研发、技术孵化、产业集群培育、高端人才培养等方面的共享共用研究平台、世界一流研发平台与工程化中试平台，争取在长沙布局建设量子计算等领域大科学装置，支持省内高校院所、龙头骨干企业共建量子信息重点实验室、工程技术研究中心、新型研发机构等创新平台。

突破一批核心技术。汇聚省内外优势企业、高校院所等创新力量，聚焦数学、物理学、信息科学等基础科学和应用科学开展研究，开展量子态调控、量子模拟与算法、量子材料与器件等关键技术应用研究，鼓励开展量子通信、量子计算、量子测量等技术研究，支持参与通用量子计算原型机和实用化量子模拟机研制。

六、超前布局元宇宙产业

元宇宙是对新一代信息技术的融合创新，是驱动互联网迈向 3.0 发展的全新业态。元宇宙具有广阔的空间和巨大的潜力，已经成为数字经济发展的重要依托和关键赛道。当前，元宇宙产业培育在全球范围内呈现良好的发展势头，中国文化产业协会文化元宇宙专业委员会2023年11月发布的《中国文化元宇宙白皮书（2023）》提出，北京、江苏、浙江、广东、河南等全国40多个不同级别地方政府陆续出台元宇宙产业政策。湖南要加强对元宇宙底层核心技术基础能力的前瞻研发，积极探索行业应用。

加强基础研究攻关。围绕元宇宙重点领域关键技术实施重大科技专项，建设元宇宙领域重点实验室、工程研究中心、企业技术中心、新型研发机构等创新载体，鼓励企业、高校及科研院所采用“赛马机制”和“揭榜挂帅”方式，对数字孪生、NFT（非同质化通证）、VR/AR、脑机接口、智能芯片、智能算法等元宇宙关键技术进行协同攻关。

培育创新主体。跟踪服务一批元宇宙相关产品和技术研发高精尖企业，组建元宇宙产业联盟，支持企业联合开展元宇宙技术应用研究，推动成果落地转化，培育一批“小巨人”企业、专精特新企业；围绕硬件、平台、智能芯片、NFT、VR/AR等重点领域加大招商引资力度，支持有影响力的元宇宙企业或机构来湘设立总部、研发中心、创新平台、孵化基地等。

培育应用场景。引导企业探索元宇宙新技术、新应用和新业态，打造一批元宇宙示范应用项目，支持一批元宇宙应用场景建设，推动三维数字空间、虚拟数字人和NFT数字资产在城市管理、民生服务等领域的开发应用。

专栏 5-3

元宇宙

元宇宙（metaverse）概念源于尼尔·斯蒂芬森（Neal Stephenson）1992 年的科幻小说《雪崩》，书中描述的元宇宙是一个脱胎于现实世界，又与现实世界平行、相互影响，并且始终在线的虚拟世界。准确地说，元宇宙是在扩展现实（XR）、区块链、云计算、数字孪生等新技术下的概念具化，是在传统网络空间基础上，伴随多种数字技术成熟度的提升，构建形成的既映射于、又独立于现实世界的虚拟世界。同时，元宇宙并非一个简单的虚拟空间，而是把网络、硬件终端和用户囊括进一个永续的、广覆盖的虚拟现实系统之中，系统中既有现实世界的数字化复制物，也有虚拟世界的创造物。

其基本特征包括：沉浸式体验，低时延和拟真感让用户具有身临其境的感官体验；虚拟化分身，现实世界的用户将在数字世界中拥有一个或多个 ID（身份）；开放式创造，用户通过终端进入数字世界，可利用海量资源展开创造性活动；强社交属性，现实社交关系链将在数字世界发生转移和重组；稳定化系统，具有安全、稳定、有序的经济运行系统。

——根据网络资料整理

第三节

强化关键核心数字技术创新应用

数字技术尤其是关键核心数字技术正深刻改变着全球的战略格局、经济格局、利益格局、安全格局，成为国家竞争焦点和战略必争领域，也是发展数字经济的关键所在。湖南要围绕产业链部署创新链，聚焦优势产业、新兴产业和未来产业领域，主动对接国家在人工智能、集成电路、量子科技、信创等重点领域的布局，充分发挥湖南科教资源优势和产业基础优势，打好关键核心数字技术攻坚战。

一、加强核心数字技术攻关

湖南在软件、半导体、大数据等核心技术领域仍然存在“卡脖子”难题，量子信息、网络安全、人工智能等前沿信息技术的布局需要进一步加快。

突破一批关键核心技术。湖南在IGBT、智能网联汽车等领域具有一定的发展基础，需要立足这些发展基础和特色优势，面向国家重大需求，开展信息技术领域基础材料、零部件（元器件）、基础工艺和产业技术、核心软件、高端实验仪器和实验设备等技术攻关，围绕自主可控计算机及信息安全、集成电路、工业软件、大数据、北斗卫星导航等重点领域“卡脖子”技术难题，滚动编制关键核心技术攻关清单和进口替代清单，部署实施一批重大攻关项目，着力突破一批关键核心数字技术，提高产业链供应链自主可控水平。

专栏 5-4

关键核心信息技术攻关工程

基础软件。支持开展服务器操作系统、云操作系统、工控操作系统、编译系统、数据库等系统软件与中间件技术，以及金融软件、办公软件等服务集成与行业应用软件研发。

工业软件。夯实工业技术软件化基础，发展高端制造类、运维服务类、机器人操作系统等工业软件。

新一代半导体材料及装备。重点推进碲锌镉单晶材料、第三代宽禁带半导体材料、绝缘栅双极型晶体管（IGBT）模块、氧化铟锡（ITO）靶材等基础零部件和关键材料研发。

电子元器件。重点发展智能传感器、电子陶瓷元件、印制电路板、电容器等电子元器件。

高端芯片。突破微处理器（MPU）、人工智能（AI）加速、中央处理器（CPU）、图形处理器（GPU）、数字信号处理（DSP）、固态硬盘（SSD）、超高清视频、5G、工业控制等领域高端芯片核心技术。

大数据。发展分布式数据库、数据集成工具等技术，加强海量数据存储、数据分析发掘、数据可视化、数据安全和隐私保护等领域关键技术攻关。

北斗卫星导航。开展导航与位置服务、信号与信息处理、卫星导航增强、空间基准与精密定位、时间基准与精密授时、导航通信一体化终端和芯片、用户终端、测试评估、地面仿真验证平台等领域技术研发。

智能网联汽车。加强全新智能网联整车架构、感知技术、决策技术、执行技术研发。

——选编自《湖南省“十四五”信息化发展规划》

布局前沿数字技术。数字孪生、量子信息、类脑计算等前沿数字技术是新一轮科技竞争制高点，也是湖南发展数字经济的重点。湖南要重点突破信息化领域基础技术、通用技术及非对称技术，超前布局前沿技术、颠覆性技术。建立健全基础研究支撑体系，加强数学、物理学、计算机科学等基础学科交叉融合和多技术领域集成创新，开展人工智能数学理论、自主可控新型计算架构等方向基础性、探索性研究。结合国家重大科技创新需求和科技创新 2030 重大项目实施，加强 6G、人工智能、量子信息、类脑计算、区块链、网络空间安全、天地一体化信息网络等领域前沿信息技术布局。

二、打造技术创新服务平台

技术创新平台是重大技术研发和孵化的重要载体，也是国家战略科技力量的重要组成部分，承担着聚集科研开发人才、为相关学科和产业发展提供理论支撑和技术支持的重任，是科技创新和产业发展的重要源头，是打造具有核心竞争力的科技创新高地的基础条件和基本保障。2023 年 9 月，湖南省人民政府新闻办公室举办的“锚定‘三高四新’美好蓝图　全面落实省委十二届四次全会精神”系列新闻发布会指出，全省国家级科技创新平台达 144 个，这些高水平科技创新平台成为铸造“大国重器”的战略支点、锻造“科技湘军”的成长摇篮、塑造“核心竞争力”的关键所在。目前，湖南数字经济领域的重大服务平台较少，存在与产业发展结合不紧密、开放共享程度低、要素保障力度不足等问题，需要将构建高能级技术创新服务平台作为重要抓手，为湖南数字经济发展提供强力支撑。

加快建设科研基础设施。建设重点实验室、工程研究中心、产业创新中心、技术创新中心等国家级、省级创新平台；建设以天河计算机、量子计算、同步辐射光源等大设施为支撑的重大科学基础设施。

加快建设技术研发平台。进一步挖掘和整合各方创新资源，聚焦集成电路、自主可控计算机及软件、大数据与云计算、移动互联网、网络空间安全等优势特色产业领域，合理建设布局一批信息技术共性研发平台，提升关键共性技术问题解决能力。

加快建设公共服务平台。分行业、分领域建设一批信息技术创新公共服务平台，完善信息资源服务、专业技术服务、转移转化服务等功能，强化信息技术创新公共服务供给。

专栏 5-5

信息技术创新平台建设工程

重大信息技术创新平台。加快建设长沙新一代人工智能创新发展试验区、湖南（长沙）国家级车联网先导区、国家功率半导体制造业创新中心等国家级重大创新平台。依托长株潭国家自主创新示范区、湖南湘江新区建设，加快培育岳麓山（工业）创新中心等一批省级创新平台。高水平建设岳麓山大学科技城，打造全国自主创新策源地、科技成果转化地、高端人才集聚地。

共性技术研发平台。搭建符合湖南特色的集“PK”（飞腾处理器 Phytium、麒麟操作系统 Kylin）、“鲲鹏”体系、图形处理器（GPU）、图数据库（GD）、固态硬盘（SSD）等于一体的国产化软平台，提供基础软硬件环境、开发环境、网络环境、技术支撑和适配认证等全面适配和运维服务。推广开源生态，支持中国软件开发者网络（CSDN）等开源社区平台创建开发者支持中心，举办开发者论坛、比赛、培训等活动。支持省内外优秀企业基于国产化平台进行软件兼容性移植、开发和适配，共建国产化生态圈。

信息技术创新公共服务平台。汇集省内省外、线上线下网信科技资源，培育一批集信息共享、技术研发、测试服务、教育培训、创业孵化和人才交流等于一体的信息技术创新公共服务平台，为国产软硬件等重点领域源头创新、技术研发、企业孵化、成果转移转化、成果创新应用和产业化全链条发展提供支撑。

——选编自《湖南省“十四五”信息化发展规划》

三、强化数字技术推广应用

当前，湖南数字社会应用服务范围越来越广，智慧城市、智慧社区建设在一些地方取得了不错的成绩，但在大多数地区基本上还是以碎片化场景为主，各个行业运用数字化的广度和深度不足，融合渗透率较低。为此，湖南要着力推进优势产业、新兴产业和未来产业及社会治理领域数字技术成果转化，提升数字技术对经济的贡献率。

实施数字技术应用场景示范行动。大数据、云计算、区块链等新技术更需要的是市场和机会。建议实施“数字技术机会清单”制度，深度了解和搜集企业产品技术研发和需求情况，定期发布新技术应用场景机会清单，借助互联网岳麓峰会、世界计算大会、湖南－粤港澳大湾区投资贸易洽谈周等重大活动对“数字技术机会清单”进行集中发布，引导全球数字技术、新产品在湖南“首发首秀”，为全球投资者、企业及人才在湖南发展提供市场和舞台，将数字技术应用场景具象为可感知、可视化、可参与的机会，实现从“给优惠”到“给机会”的深刻转变。

促进数字技术与实体经济深度融合。推动大数据、云计算、区块链、人工智能等数字技术与工业、服务业、农业的深度融合，发展基于数字技术的智能经济，加快优化智能化产品和服务运营，培育智慧销售、无人配送、智能制造、反向定制等新增长点，加快商贸、物流、金融等服务业数字化，创新发展智慧农业。

第四节

不断激发市场主体活力

企业是当之无愧的创新主体，是推动创新创造的生力军。加快培育数字产业化新动能，必须强化企业技术创新主体地位，完善创新型企业的梯度培育体系，大力培育数字技术领域高新技术企业、科技型中小微企业，支持专精特新“小巨人”等企业做大做强，高标准建设数字产业园区。

一、实施领军企业“筑峰”行动

创新型领军企业是产业创新的引领者、产业标准的制定者、产业规模的体现者、产业链的带动者，湖南数字经济领域缺少的正是具有强大带动力的创新型领军企业，要加快实施领军企业“筑峰”行动。

实施数字经济领军企业培育引进计划。鼓励数字经济企业编制中长期创新研发规划，强化技术创新和产业升级，大力支持数字经济企业建立研发机构、集聚研发人员。积极推动数字经济企业挂牌上市，推动企业树标提质，培育和发展一批创新型数字经济重点企业。绘制数字经济产业图谱，动态更新发布重点数字经济产业招商目录，依托国家数据标注基地等国字号平台和长沙全球研发中心城市建设，吸引国内外龙头骨干企业落户长株潭地区，辐射带动全省数字产业发展。加大对各类数字经济创新创业载体建设的引导和支持力度，支持数字经济重点企业牵头，联合科研院所、上下游企业、行业协会实施重大科技产业化项目，引进海外高端人才，打造若干具有产业生态主导力的数字经济领军企业。

积极培育壮大数字经济企业创新平台。支持有条件的数字经济领军企业加大基础研究和应用基础研究投入，承担重大科技任务，建设重点实验室、技术创新中心等创新平台。鼓励引导其开放创新资源和应用场景，建设专业化众创空间、场景应用创新中心。加强国家级企业技术中心和国家地方联合工程研究中心布局，推动省级企业技术中心和工程研究中心升级发展，推动院士专家工作站、院士专家企业行、博士后流动工作站等更好地服务数字经济企业。

二、培育专精特新企业

专精特新企业长期专注于某些细分领域，在技术工艺、产品质量上深耕细作，具有专业程度高、创新能力强、发展潜力大等特点，有些企业因为突破关键核心技术，一跃成为行业中的“小巨人”。未来一段时期，在传统高新技术类企业之外，专精特新中小企业将成为中小企业中的佼佼者。湖南要紧抓机遇，大力培育数字经济领域专精特新企业。

立足重点领域。鼓励数字经济领域的企业专注细分市场、突破关键核心技术，围绕产业链薄弱环节和细分领域，推动中小企业深耕细分领域创新发展，大力发展能生产关键设备、基础材料和零部件的专精特新企业，在数字经济领域形成一批拥有独门绝技的国家级专精特新“小巨人”或单项冠军企业。

强化政策引导。建立数字经济领域专精特新企业上市后备资源库，提供上市政务服务绿色通道。鼓励数字经济领域专精特新企业与强院强校强所合作建立实验室，积极参与定向委托、“揭榜挂帅”、竞争赛马等科技攻关。深化专精特新企业“两上三化”，实施专精特新企业“数字化、网络化、智能化”转型计划，培育“上云上平台”标杆企业，培育智能化制造、网络化协同、个性化定制、服务化延伸、数字化管理等新业态新模式。

三、高标准建设数字产业园区

数字产业园区是数字企业集聚发展的重要载体，湖南在区块链、文创、人工智能等领域形成了具有一定影响力的产业园区，但这些数字产业园区的建设标准与发展数字经济的目标还有一定差距，需要进一步完善。

高标准建设大数据产业园。优化大数据产业区域布局，强化省、市、园区三级联动机制，按“一区多园”的模式联合建设大数据产业集聚区，在长沙高新区、长沙地理信息产业园、株洲云龙示范区、益阳高新区、永州经开区、怀化经开区等大数据产业特色优势明显的地区建设大数据产业集聚区，支持湘江新区申报和建设国家级大数据综合试验区，支持东江湖大数据产业园申报国家新型工业化产业示范基地（数据中心）。

高标准建设区块链产业园。鼓励国家级、省级产业园区创建区块链产业园，打造国家级和省级区块链 + 智能制造、区块链 + 大金融、区块链 + 数字农业、区块链 + 数字文创、区块链 + 数字政务、区块链 + 智慧城市等示范区。支持娄底区块链产业园、星沙区块链产业园、长沙区块链产业园等园区创建国家级区块链产业园区和基地，支持有条件的市州创建省级区块链产业集聚区。

高标准打造马栏山视频文创产业园。以建成全球高质量音视频文创数据特色开发基地为总体目标，围绕音视频产业发展打造研发生态，攻坚人工智能、大数据、云计算、虚拟现实等关键核心技术，打造“云、网、算”技术底座，搭建马栏山视频产业云平台、视频超算中心等公共技术平台。建设超高清共享制作云平台、中国V链数字资产交易平台，打造全国最大的4K内容生产中心、媒资智能存储中心、内容交易中心，建成内容创制及IP（知识产权）衍生商业链、高格式影视工业化技术链、数字孪生及视觉预演多场景应用链。

高标准建设人工智能产业集聚园区。全力打造国家新一代人工智能创新发展试验区，培育和建设一批人工智能集聚区、创新示范区、特色小镇、众创基地，加强人工智能技术研发和创新成果应用，加快完善智能化基础设施，加强技术集成和应用示范，形成集聚各类资源的良好创业生态，打造开放式创新创业基地，培育壮大智能产业集群。

高标准建设中国软件名园。支持长沙创建中国软件名城，加快科技、企业、人才等创新要素集聚，大力塑造长沙软件品牌，提升产业影响力，形成技术先进、服务完善、应用繁荣、保障有力的产业生态，推动“五名”（名园、名企、名品、名人、名展）一体化发展；鼓励和支持株洲、常德、郴州对标建设中国软件名园，支持株洲做大做强高端工业软件、嵌入式软件，支持常德大力发展平台化软件和新兴信息服务软件，支持郴州培育大数据等信息服务和配套产业；引导和支持省级及以上软件产业园扩容提质，重点引进和培育一批核心技术突出、创新能力强、发展潜力大的国内外优势软件企业，引导重大工程和重点项目向园区集聚，提高关键核心技术水平，加快培育软件名企、名品。

高标准建设先进计算产业集聚区。支持长沙打造先进计算产业集聚区，建设通用计算和人工智能计算两大算力平台，支持长沙高新区管委会打造具有长沙特色的国家级先进计算产业示范基地，高水平建设长沙先进计算展示体验中心；大力发展先进计算中心，加快国家超级计算长沙中心改造升级，前瞻布局新一代超级计算机，有序推进长沙人工智能创新中心、马栏山视频文创产业园视频超算中心、湖南国家应用数学中心建设；加快建设新型数据中心，重点布局建设 15 个新型数据中心；灵活部署边缘计算中心，构建城市内的边缘算力供给体系。

第6章

激发产业数字化新活力

推进产业数字化。推动制造业数字化转型，引导“数字化＋网络化＋智能化”发展。

——《湖南省国民经济和社会发展第十四个五年规划和二〇三五年远景目标纲要》

放眼全球，产业数字化仍然是数字经济发展的主引擎。湖南产业数字化成效显著，产业数字化转型深入，但仍有巨大提升空间，需要持之以恒发展特色高效数字农业、加快推进制造业智能化升级、大力推动服务业数字化转型，让产业数字化持续为数字经济发展输出动力。

第一节

发展特色高效数字农业

发展数字农业是推动农业现代化的必然选择，也是助推乡村振兴战略的重要力量。湖南要大力实施农业科技创新工程，加强农艺农机技术融合、农业与信息技术融合，加快数字技术与农业生产、加工、经营、管理服务的深度融合，发展智慧农业，推进农业数字化转型，有序推动全省农业全产业链数字化进程。

一、推动农业生产智慧化

农业生产智慧化以智能装备为基础，以数据和知识为核心要素，使现代科学技术与农业深度融合，实现农业生产全过程的数字化感知、智能化决策、精准化作业和智慧化管理，能够大幅提高劳动生产率、土地产出率和资源利用率，成为今后农业生产发展的必然趋势。湖南农业生产信息化水平较低，农业生产基础设施相对落后，需要加快智慧智能农机研发制造的步伐，开展智慧无人农场示范建设，建立数字种业硅谷，推动农业生产加速从机械化向智慧化转型。

加快智慧智能农机研发制造。构建以湖南智能农机创新研发中心为主体，以双峰县、汉寿县和郴州市苏仙区三个农机生产制造基地以及湘北、湘西农机装备产业集群为载体，以水稻油菜全程机械化示范区、丘陵山区设施农业示范区、数字农业示范区为支撑的“一中心三基地三示范区”的农机产业发展格局。启动建设智能农机创新研发中心和标准体系，开展先进适用、智慧智能的机具研发，把长沙打造成国际知名的智慧智能农机研发中心。努力攻克农机“卡脖子”技术，加快农机科技成果转化应用，推进农机逐步向制造智能化、产品智慧化、操作无人化发展，支持农机产业集群加强产品设计、生产、服务的数字化、网络化和智能化技术改造。围绕优势特色千亿产业，研究机械化作业配套技术，研发推广先进适用机具，加强果菜茶宜机化改造和高标准农田以外区域机耕道建设，把湖南打造成南方丘陵山区农业机械化生产示范区。

开展智慧无人农场示范建设。推进物联网、人工智能等技术在种植业、设施农业、畜禽业、渔业生产中应用。加强农机智慧控制系统和农业机器人研发推广，提高农机装备信息收集、智能决策和精准作业能力。使用无人机进行农情灾情查验和农药水肥喷洒，开展数字农业示范县、现代农业园智能化示范工程。

建设数字种业硅谷。依托隆平高科技园、岳麓山种业创新中心以及省内现代化良种繁育基地，融合生物技术与信息技术，建设湖南数字种业硅谷，构建湖南重要农业种质资源大数据，为品种选育、产业发展、行业监管提供支撑。着重打造岳麓山种业创新中心，组建分子育种、生物智能大数据两个关键共性技术研究中心，以及水稻、蔬菜、畜禽、水产、茶叶、油茶、水果和中药材等专业研究中心，实施种业重大科技创新项目，努力突破一批前沿核心领域关键共性技术，推广应用100个以上具有重大应用价值的新基因、新材料、新品系、新品种。

二、促进农业经营网络化

互联网的发展极大提升了农业技术的推广应用和市场信息的流通，加速了农业现代化的进程，网络化逐渐成为农业现代化进展的重要内容，同时也成为农村经济拓展的基础性工作。湖南要以农业经营网络化为重要目标，加速搭建农业经营的信息网络。

建设农业农村数字化监测网络。利用卫星遥感、航空遥感等监测技术，建立天空地一体化数据采集和监测网络。建立省市县三级农业执法监管平台，形成尺度统一的全省农业农村数据底图。研制病虫害智能监测终端，构建基于人工智能、大数据的病虫害识别、分析和预警模型，建立覆盖全省的病虫害智能测报基层站点，完善农作物病虫害疫情风险监测与预警网络。加强农业重要资源调查登记和数字化管理，对永久基本农田实施动态监测管理。建设省级农产品质量安全智慧监管平台，实现农产品质量安全监管、检测、执法等核心业务精细化管理。建立农产品追溯体系，推进区块链技术在农产品质量安全领域应用。建立“品牌辨识度高、产品有标识、信息可查询”的农产品“身份证”管理体系，对生产者、产地环境、土壤水样监测数据、产品质量监测报告等农产品信息进行查询、传输和处理。

三、培育数字农业新业态

农业网络化、智能化转型，定制农业、创意农业、认养农业、云农场等新业态方兴未艾，湖南涌现出了舟友乐智慧渔业养殖无人船等数字农业新模式、新业态。湖南要总结推广发展数字农业的典型经验，大力培育数字农业新业态。

发展农村电子商务，持续实施“互联网 +”农产品出村进城工程，深化电子商务进农村综合示范，推动电商资源、快递服务下沉到村，鼓励发展线上服务、线下体验，拓宽农产品出村进城渠道，持续打造网销“一县一特”品牌，规范提升“直播带货销售”。发展农村数字旅游，推进文旅小镇、旅游重点村、乡村旅游点、民宿、旅游厕所等数字化应用，鼓励认养农业、健康养生、创意民宿等新业态发展。发展农村数字消费，培育壮大农村数字消费新业态新模式新场景，推动数字消费新业态新模式向农村市场拓展，引导农村消费梯次升级。

专栏 6-1

安化黑茶全产业链大数据平台

利用大数据、云计算、物联网、5G、卫星遥感、区块链等新一代信息技术，打造可监控、可追溯、可分析的安化黑茶全产业链大数据平台，囊括“一套标准（安化黑茶数字化应用管理标准体系）、一个中心（黑茶产业大数据中心）、六个平台（农村土地流转和金融服务平台、黑茶资源管理平台、黑茶大数据可视化平台、智慧农业‘空天地’一体化平台、黑茶产品展销平台、黑茶农业技术服务平台）”，实现从“空天地”环境监测、黑茶种植过程管理监控、生产加工、仓储物流到销售流通等全产业链的数据化、标准化，推动农业单品数字化和产业集群数字化。

——选编自新湖南客户端 2023 年 4 月 20 日相关文章

第二节

推进制造业智能化升级

随着“大智移云”等新一代信息技术的发展及信息化水平的普遍提高，信息技术日益渗透融入制造业全过程，不断推动制造业的智能化发展。湖南传统制造业有一定优势，但信息技术与制造业融合深度和广度不足，赋能价值有待进一步挖掘。湖南要紧紧围绕打造国家重要先进制造业高地，持续开展智能制造工程，培育智能化产业集群和编制智能化解决方案，树立智能化转型标杆，打造智能制造园区，形成完善的智能制造生态系统。

一、培育智能化产业集群

牢牢把握“大智移云”新技术与制造业融合发展的大趋势，在产业、要素、标准、新基建等方面探寻适合湖南制造业智能化转型的方向和出路，以智能化引领制造业质量变革、效率变革、动力变革，大力培育智能化产业集群，为打造国家重要先进制造业高地提供支撑。

加强集群基础设施建设。加快集群内布局建设工业互联网、数据中心等新型基础设施，加强5G新一代通信基础设施建设，建设面向集群的行业级工业互联网平台，打造一批“5G+工业互联网”示范工厂，推动优秀工业APP及应用解决方案在集群内的推广应用，加强集群内部新型数字基础设施共建共享。

推动集群企业数字化发展。加快集群企业数字化网络化智能化升级改造，推进工程机械、轨道交通、航空航天等先进制造业集群“上云上平台”，推动行业制造单元、加工中心、生产线和车间智能化升级。对钢铁、有色、石化、食品加工、轻工纺织、烟花、陶瓷等传统产业普及大数据、云计算、物联网、人工智能等技术，不断提升企业数字技术应用、软件应用、数据管理等数字化能力，引导企业加快关键环节的数字化改造，增强传统产业竞争力。

加强集群数字化管理。促进集群内制造资源在线化、产能柔性化、产业链协同化，推动开展基于平台的集群内订单共享、研发合作、产能协同和品牌统一管理，培育在线产业集群，形成规模效应和生态效应。

二、树立智能化转型标杆

制造业智能化转型需要加强示范引领，尤其是需要打造一批行业“灯塔式”标杆示范项目，以便加速带动行业的整体智能化转型。湖南工业互联网等信息技术在制造业转型过程中的应用程度较低，企业需求侧有大量应用需求，但技术和平台供给侧还不能完全满足，需要通过打造若干智能化转型标杆推动信息技术在制造业转型中的应用。

加快工业互联网在块状经济、制造业企业的深度应用，促进企业生产管理关键环节数字化、网络化升级。加快工业互联网应用普及，推动低成本、模块化工业互联网设备和系统部署应用，强化测试评估，提升企业数字化、网络化基础能力。加快培育工业互联网 APP，促进企业生产管理关键环节“数字化、网络化、智能化”升级。鼓励龙头企业开展智能制造试点示范，加快智能制造单元、智能生产线、智能车间、智能工厂建设。支持华菱集团、黄金集团、湘电集团等国有企业先行先试，打造智慧冶炼、智慧矿山、智能制造等省级示范智慧场景。开展信息化和工业化两化融合管理体系贯标试点示范，打造企业数字能力体系。

三、打造智能制造园区

产业园区是产业集群发展的有效途径，是推动经济发展的重要支撑点，而园区信息化建设水平很大程度上影响着园区经济发展，也决定了制造业智能化升级的进程。提高园区信息化建设水平，打造智能制造园区，成为制造业智能化升级的重要途径。

湖南要以建设“五好园区”为契机，推动园区整体数字化、智能化转型。推进园区信息基础设施建设，建设平台型“共享工厂”、示范型“无人工厂”、效率型“数字化车间”和轻量化“云端工厂”等四类“未来工厂”，提升园区信息基础设施的服务水平和能力。建设与推广智慧园区管理平台，着力打造“园区大脑”数据中枢，培育一批园区运营管理规范化、数字化的“智造工场”，提升园区数字化管理水平。探索开展“智慧园区”试点，每年遴选发布一批园区智能化转型示范（试点）名单，打造一批以关键技术装备、工业软件、系统解决方案等为主导的智能制造示范园区。在工程机械、轨道交通等优势领域，试点打造一批虚拟产业园，建设数字制造“虚拟总部”，进一步推动优势产业的集聚发展。

专栏 6-2

虚拟产业园

所谓虚拟产业园，是指通过搭建网络虚拟平台，推动不同地理区域且具有产业链和价值链内在联系的企业和机构，基于一定契约和规则而形成的虚拟空间集聚，以实现线下“实体”与线上“虚拟”有机结合、充分竞争、共同发展的虚拟集合体。无园区实体、无实际界限、非集中办公、网上完成注册、自选办公地点、产业更加集聚是其区别于一般产业园区的特点。

2020 年 7 月，国家发展改革委等 13 部门联合印发《关于支持新业态新模式健康发展　激活消费市场带动扩大就业的意见》，官方文件中首次明确提出打造跨越物理边界的“虚拟”产业园和产业集群。2021 年 12 月，国务院印发《“十四五”数字经济发展规划》，提出“探索发展跨越物理边界的‘虚拟’产业园区和产业集群，加快产业资源虚拟化集聚、平台化运营和网络化协同，构建虚实结合的产业数字化新生态”。

——选编自中国移动通信联合会元宇宙产业委员会网站 2022 年 4 月 19 日相关文章

第三节

推进服务业数字化转型

全球经济进入数字化时代，数字化革命已经从传统制造业向服务业迅速蔓延。服务业数字化转型将释放巨大产业红利，成为推动数字经济发展的新动能。湖南要顺应服务业数字化转型的趋势，大力发展数字化生产性服务业，支持数字文化、数字贸易等生产性服务业专业化发展；大力发展数字化生活性服务业，提升文化旅游、全民健身、健康养老等生活性服务业数字化智能化水平。

一、大力发展数字文化

数字文化产业以文化创意内容为核心，依托数字技术进行创作、生产、传播和服务，呈现出技术更迭快、生产数字化、传播网络化、消费个性化等特点，有利于培育新供给、促进新消费。当前，数字文化产业已成为文化产业发展的重点领域和数字经济的重要组成部分。湖南在数字文化领域具有较好的基础，需要深入推进文化领域供给侧结构性改革，推进文化与科技深度融合，积极培育数字文化新动能。

加强智慧文旅平台、数字图书馆、数字文化馆、数字博物馆建设，培育壮大云演艺、云展览、数字艺术、沉浸式体验等新型文化业态，着力将马栏山视频文创产业园打造成具有中国特色、全国领先、具有全球影响力的媒体融合新地标。加强网络视听、创意设计、数字教育、数字出版等领域原创能力建设，鼓励通过全民创意、创作联动等方式，生产健康向上的优秀作品，打造以"麓山魂""湘江颂""橘洲情""屈贾乡""沁园春"等为代表的数字文化精品。推广红色经典修复、AI 智慧电台、工业数字模型渲染等技术和应用，提升 AI 模型训练、自动上色、数据集建立等技术能力，打造稳定的数字化生产线与修复生产线，建立红色经典活化生产线，做优做强红色影像数据库和红色影像修复基地。建设信息消费体验中心、公共服务平台，发展数字视听、动漫游戏、电竞产业、数字演艺、网络文学、网络直播等新模式，推动元宇宙赋能数字文化消费场景创新，丰富非遗 3D 体验、数字互动艺术展等数字文化消费场景，支持“云看展”“云演出”“云阅读”“云课堂”“云音乐节”“云旅游”等新型文化消费业态。

二、大力发展数字贸易

数字贸易是数字经济的重要组成部分，也是发展外向型数字经济的主要载体。伴随着第四次工业革命的兴起和演进，全球贸易形态和贸易格局正在发生深刻变革。在数字技术的驱动下，数字贸易蓬勃兴起，成为国际贸易发展的新趋势，为全球经济活动运行注入了新动能。我国作为全球贸易大国，既拥有超大规模的国内市场，内需潜力巨大，也具备数据资源丰富、新型基础设施建设步伐不断加快、“走出去”实力强劲的显著优势，发展数字贸易的潜力巨大。湖南应主动顺应形势，明确发展方向，加强战略规划，推动数字贸易向更高水平发展。

推进智慧商务建设，推动传统商贸、生产制造、食品、老字号等企业数字化转型，拓展线上市场，探索运用云计算、大数据、物联网、人工智能等技术构建电商新模式，引导传统企业智能化、数字化融网，加快培育数字商务企业，推动上下游产业链发展，构建智慧商务服务体系和决策体系，以数字化、智能化助力商务和开放型经济健康发展。

三、大力发展数字金融

数字金融是通过互联网及信息技术手段与传统金融服务业态相结合的新一代金融服务，包括数字货币、数字支付、互联网贷款、数字信贷、数字证券、数字保险、数字理财等金融业态。发展数字金融可以满足不同群体多样化的金融需求，加快金融行业信息化变革，为金融行业注入活力。湖南要抢抓数字金融发展机遇，明确数字金融发展方向和重点。

合理推动人工智能、大数据、区块链等新技术深度融合，全面赋能金融科技应用，加快推动金融机构数字化转型。创新数字金融服务模式，推动金融机构重塑智能高效的服务流程，创新移动金融服务。引导金融机构加快培育数字金融产品，深入推进数字人民币试点，推动智能合约等新技术在数字人民币试点中的运用，探索数字人民币在交通出行、长株潭都市圈跨区域等场景的试点应用。

四、大力发展数字化工业设计

工业设计是现代工业的立业基础和效益倍增器，在推动制造业升级、商业模式创新等方面发挥着越来越重要的作用。以大数据、人工智能、虚拟现实等为代表的新兴技术为工业设计的发展提供了新方向、新路径、新模式。湖南要促进工业设计与大数据、人工智能、虚拟现实等新技术新业态深度融合，进一步提升数字化工业设计能力。

综合利用5G、物联网、大数据、人工智能、虚拟现实等新一代信息技术，建立数字化设计与虚拟仿真系统，推广应用数字化智能化设计工具，构建标准零部件库、行业基础数据库和知识库，规范信息交互、用户体验、运行维护等设计标准，发展智能设计、个性化设计、用户参与设计、交互设计和网络设计，推广工业设计APP应用，提高设计协同创新能力。

五、加速培育数据要素市场

数字经济时代，数据要素不仅是推动数字经济新产业、新业态、新模式发展的基础，也是推动产业创新和改造升级的强劲臂力。加快培育发展数据要素市场，有利于充分发挥数据的基础资源和创新引擎作用，也是社会主义市场经济体制下要素市场化改革的重要组成部分。湖南要加快数据要素市场培育，进一步释放数据要素潜力，抢占全球数字经济发展制高点。

推进数据标准化、资产化和商品化体系建设，探索建立数据资源统一登记确权体系，完善数据市场监管和数据安全保障机制。鼓励高校、科研机构和各类企业加强技术创新，利用数据资源开发各类产品和服务。引入数据分析服务机构，建立数据运营机制，构建数据服务生态，提升数据分析应用水平。稳步推进数据要素市场化配置，高水平建设湖南大数据交易中心，探索构建规范有效的数据要素交易流通模式，培育数据交易市场。

六、发展数字化生活性服务业

近年来，数字经济发展孕育出平台经济、共享经济等新业态，生活性服务业加速迈向数字化。在全国超过 10 亿网民巨大流量需求的支撑下，生活服务数字化具有可观的市场规模。2023 年 12 月，商务部等 12 部门发布《关于加快生活服务数字化赋能的指导意见》，提出到 2025 年，初步建成“数字 + 生活服务”生态体系；到 2030 年，形成智能精准、公平普惠、成熟完备的生活服务体系。湖南要不断筑牢服务业数字化转型的基础，丰富线上生活服务新供给，打造数字生活消费新场景，推动生活服务业加速迈向数字化。

加快线上线下融合发展。推动生活服务市场主体特别是小微企业和个体工商户“上云用数赋智”，完善电子商务公共服务体系，引导电子商务平台企业依法依规为市场主体提供信息、营销、配送、供应链等一站式、一体化服务。大力推进智慧服务建设，让服务更“智慧”。鼓励服务型企业积极参与在线技能培训、数字健康、数字文化场馆、虚拟景区、虚拟养老院、在线健身、智慧社区等新型服务应用开发和场景应用。加强线上线下融合互动，通过预约服务、无接触服务、沉浸式体验等扩大优质服务覆盖面。

完善数字生活基础设施。大力推进社区建设补短板行动计划，强化社区公共服务数字设施供给，新建和改建一批具有教育医疗、文化体育、养老托育、便民商业、交通环境、邻里交往等服务功能的数字设施，加快补齐停车场、充电桩、换电站等基础设施短板，提高消费配套服务水平。引导支持各地加强政企合作，建设面向生活性服务业重点应用场景的数字化、智能化基础设施，打造城市社区智慧生活支撑平台。

发展数字生活新业态。推动5G、大数据等技术在文化旅游、医疗健康、社会救助、就业保障等领域应用，加快建设数字图书馆、数字文化馆、数字博物馆、数字档案馆、智慧景区、智慧教育、智慧康养等（图 6-1），打造一批行业应用服务标杆。

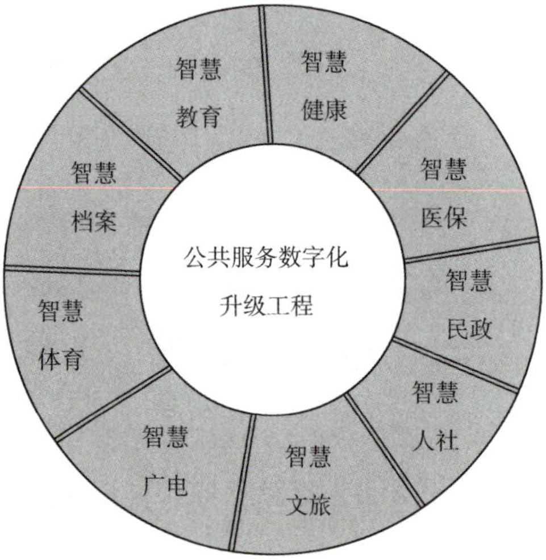

图 6-1　湖南公共服务数字化升级工程

第 7 章

提升数字政府新效能

加快数字政府建设，统筹各系统各部门各市州的信息化建设和数据资源共享，推进重点领域数据资源归集，建立基于大数据分析的经济社会管理体系，构建数据驱动的政府治理新机制。

——《湖南省国民经济和社会发展第十四个五年规划和二〇三五年远景目标纲要》

在新一轮科技革命和产业变革向纵深演进的大背景下，数字政府建设成为推动国家治理体系和治理能力现代化的重要手段，是适应数字时代浪潮和经济社会全面数字化转型的必然要求。近年来，我国大力推进数字政府建设，全面推进政府业务协同、组织运作、服务模式的数字化、智能化转型，政府信息化建设进入全新的历史时期。湖南要主动顺应经济社会数字化转型趋势，推动形成数字政府基础支撑、数据资源利用、业务应用、安全保障等框架体系，全面开创数字政府建设新局面。

第一节

升级“一网通联”的基础支撑体系

加快建成集约高效的基础底座是数字政府建设的一项主要任务。湖南应统筹改造电子政务外网、政务云、政务大数据中心，升级全省政务“一张网”，优化全省政务“一朵云”，构建全省“1+1+N+14”政务云体系。

一、升级全省政务“一张网”

在数字政府建设中，电子政务外网起到了基石作用。越来越多的地区通过提升电子政务服务水平，实现了政府服务效能的提高。当前各地电子政务外网办公业务系统升级换代，这对网络的可靠性、安全性、健壮性提出了更高的要求，需要加快升级全省政务“一张网”。

加快升级全省电子政务外网。打造分层分级网络，优化网络架构，升级外网设备，扩容网络带宽，扩大网络覆盖，提升网络智能化水平，加快打造“一网承载、云网融合、一体安全、一键运维”新型电子政务外网。充分运用 SDN、IPv6、SRv6 等先进技术，升级改造电子政务外网，探索 5G 电子政务外网建设。按需扩容电子政务外网及互联网出口带宽，规范各级各部门互联网接入管理，省市县三级分别实现互联网统一出口。建设全省统一的电子政务外网智能网管平台，提供差分网络服务。拓展电子政务外网覆盖范围，全面推进机关、国企、事业单位按需接入电子政务外网。

推动新一代无线政务专网应用。聚焦移动政务、公共安全、应急通信、社会管理、重大活动保障等应用场景，在现有政务外网基础上，探索融合 1.4 GHz、700 MHz、370 MHz 专用通信，5G 切片，以及卫星通信技术，补充、增强现有政务网络资源，提升政务外网无线服务能力。推进政务外网无线服务试点建设，按照业务场景和网络覆盖情形，分级分类提供合适、安全、标准的政务数据传输通道，实现典型应用场景精准覆盖，为不同业务应用需求提供灵活的网络接入手段。

推进非涉密专网向电子政务外网迁移。加快推进非涉密业务专网向省电子政务外网迁移，除了确需保留的非涉密业务专网，要加快做好改造，实现与电子政务外网对接互通，全面消除“信息孤岛”。

二、优化全省政务“一朵云”

政务云是为政府行业提供基础设施、支撑软件、应用系统、信息资源、运行保障和信息安全等的综合服务平台，可以充分利用现有的基础资源，有效促进各种资源整合，提升基础设施利用率，成为数字政府建设的重要内容。随着云计算技术的不断普及，政务云以其灵活部署、弹性扩展、低成本、高资源利用率等优势在各级政府部门日益受到推崇，成为电子政务集约化建设的重要支撑。湖南要抢抓数字技术的发展机遇，不断优化全省政务“一朵云”。

推动政务云升级扩容。持续增强政务云服务能力，推进计算、存储等资源扩容，加强省级政务云 PaaS（平台即服务）服务能力，提供“按需分配、弹性伸缩”的基础软硬件云服务，进一步提高资源利用率。完善全省政务云“1+1+N+14”总体架构，引入多云管控架构，推动全省政务云资源统一管理、灵活管控。完善规范可靠的政务云容灾备份体系，保障政务应用安全稳定运行。面向大规模、低时延的计算要求，探索边缘计算，作为政务云平台的有效补充，实现边云协同，更好地满足更多业务场景的算力需求。

提高政务云集约化管理水平。进一步加强政务云精细化管理，从资源申请、使用、撤销等环节进行全面管控，提升资源利用率和使用效率，更好地支撑全省政务信息化应用。湖南要加快统筹整合现有政务云资源，构建全省一体化政务云平台集约体系，实现政务云资源统筹建设、互联互通、集约共享是未来政务云平台建设的方向。“十四五”期间，湖南提出加快将政务云纳入一体化政务云平台体系统筹管理。各地区按照省级统筹原则开展政务云建设，集约提供政务云服务。

推动构建全省“1+1+N+14”政务云架构。组建全省政务云骨干网，实现省政务云与国家超级计算长沙中心、已建重点行业云、市州政务云网络直联，省、市两级分别建设统一云管平台，打造全省“1+1+N+14”架构的一体化政务云。

加快推进政务云向新型混合云演进。政务数据大多是涉及国家、公民、社会经济运行基本信息的核心数据，数据存储设施和应用系统也是关键基础设施的组成部分。能够兼容多架构处理器、成功对接各种主流平台，以及具备强大安全运营能力的政务云是非常重要的。政务云的安全性与可靠性、多元基础架构与安全运营能力是政务云建设的基本条件。湖南应稳步推进省、市政务信创云建设，积极打造以私有云、公有云等互为补充的新型政务混合云。加快建设全省 AI 训练中心，构建“X86+ 信创 + 超算”混合技术体系的算力集群。

全面推动业务系统迁移上云。业务系统向云端迁移是各部门数字化转型的关键。要按照统筹规划、先易后难、平稳迁移、快速推进的原则，分期分批加快推进各级各单位已建非涉密业务系统迁移上云，逐步撤并各级各部门现有机房和 IT 资产，实现系统迁移“应上尽上”。

三、完善基础数据“一组库”

基础数据是数字政府建设的必备底座，作为数字化转型的重要支撑基础，数据库在业务系统中发挥着关键作用。湖南要顺应政务数字化转型要求，优化升级政务数据共享平台，建设完善基础数据库及主题库，提升一站式数据分析能力，加快社会数据汇聚。

优化升级政务数据共享平台。加快完成省政务数据共享平台集群化改造，健全政务数据目录统一管理、数据资源统一发布、数据供需统一对接、数据资源统一治理、数据传输统一监测、数据应用统一推广等功能，全面支持多源异构数据多方式无障碍共享，满足省直部门、市州大规模数据共享需求。

建设完善基础数据库及主题库。建设完善省自然人、法人、自然资源与地理空间、信用信息、电子证照等基础数据库和宏观经济、营商环境、生态环境等各类主题库、专题库。制定全省统一的基础数据库建设标准和管理规范，压实各大基础数据库主管部门和相关部门责任，保证非涉密数据的全量汇聚以及数据的鲜活度和准确度。

提升一站式数据分析能力。建设数据分析系统，开发和集成自然语言处理、视频图像解析、数据可视化、数据挖掘分析等工具和算法，支撑各领域专项大数据分析与可视化应用。建成知识图谱系统，构建用于知识抽取、知识图谱构建、知识融合与推理、数据存储管理与查询的工具集，支撑打造全省政务数据资源图谱和自然人、法人等数字画像。

加快社会数据汇聚。建设全省统一的社会数据采集平台，与政务数据共享平台实现对接，有序汇聚金融、电信、医疗、教育、交通、水电气等社会数据，实现社会数据的“统采共用”。

四、加强建设公共应用支撑“一平台”

公共应用支撑平台为信息化建设提供基础设施、支撑软件、应用系统、信息资源、运行保障、信息安全等各种公共应用服务，成为数字政府建设不可或缺的组成部分。湖南要积极推进基础设施、政务数据和业务应用三大类地方标准体系的发布，形成横向全覆盖、纵向全联通的省域“一网通联”新模式。

建设重点共性应用支撑大平台。建设服务聚合、标准统一、服务复用的省一体化应用支撑大平台，整合利用、升级完善统一身份认证系统、统一电子证照管理系统、统一电子印章系统、统一政务外网电子认证服务体系、统一支付系统、统一物流服务和全省地理信息公共平台等公共应用支撑能力以及区块链、视频联网、物联网、人工智能等新技术支撑能力，建立共性应用支撑服务清单，提供公共组件和统一标准接口，实现共性应用支撑服务的统一管理和使用。

第二节

构建“一网通用”的数据应用体系

坚持“全省一盘棋”，统筹数据要素配置，推动数据新型基础设施、数据运营机构等数据要素核心枢纽建设，打通供需渠道，保障数据要素生产、分配、流通、消费环节循环畅通。推进公共数据与社会数据融合以及全域场景数据要素赋能，释放数据生产力潜能，构建形成“一网通用”的数据应用体系。

一、推进政务数据资源普查和系统联通

2017年，国务院办公厅印发的《政务信息系统整合共享实施方案》强调，要加快推进政务信息系统整合共享的“十件大事”，提出加快消除“僵尸”信息系统，促进部门内部信息系统整合共享，开展政务信息资源目录编制和全国大普查，加快构建政务信息共享标准体系，规范网上政务服务平台体系建设等重点任务。近年来，湖南认真贯彻落实党中央、国务院决策部署，深入推进政务数据共享和信息系统整合，但仍面临全省政务信息化能力不足和公共数据资源情况不够清晰，各地、各部门系统台账不全、数据家底不清、数据基准性不高、数据碎片化等问题，需要进一步推动数据资源高效利用，进一步摸清全省公共数据资源底数。

开展政务公共信息资源大普查。一是要加强组织领导。编制“数据普查”方案，各级各部门成立以分管领导任组长的数据普查专班，统一组织协调本地区、本部门工作，全程为各级各部门提供技术支撑服务。二是要明确归集范围。参照各单位“三定”规定确定职责，并结合各单位政务服务和监管事项、行业内政务数据，以及已挂接在国家、省、市共享交换平台上且与各单位业务相关的、体现履职过程和履职结果的数据目录，明确归集范围，尽可能做到“应归尽归”。三是要精准培训辅导。要及时协调解决普查工作中存在的问题，组织召开线上线下培训，制作系

统填报培训视频和填报指南，提供远程辅导答疑和运维保障等服务。四是严把质量进度。各级政务大数据局、各单位分别对填报的系统信息和政务服务数据目录进行形式和质量上的审核。及时排查、修正错误内容，确保高质量完成普查。最重要的是确保全面摸清搞准全省政务数据资源和政务信息系统底数，形成全量政务数据资源目录，构建政务数据资源图谱，在省政务数据共享平台上统一发布、动态管理。

清理整合政府部门“僵尸”系统。政务系统在不断升级优化，然而，一些政府部门之间的线上服务业务重合，导致运营效率低下，造成公共资源浪费。这依然是政务信息系统发展中的一大顽疾，集约化建设推进还有待加快突破。湖南当前仍需要加快推进内部系统的互联，通过与省“互联网 + 政务服务”一体化平台和省政务数据共享平台的横向联通，实现与国家部委系统、市州系统的纵向贯通。市州也需要进一步加快开展系统清理、联通工作。

二、推进政务数据共享

提升政务数据共享水平是高效利用数据要素资源的前提。充分挖掘政务数据要素的价值，建立数字政府，必然需要更多且具有不同职能的行政主体进行数据共享，畅通数据循环，从而降低数据收集等成本，提高数据使用效率。然而，湖南仍存在“数据孤岛”现象。政务数据共享滞后，成为制约湖南数字政府建设的主要瓶颈。湖南需要加快推进政务数据共享，破除数字政府建设的壁垒。

提升政务大数据中心支撑能力。依托省政务大数据中心和政务服务一体化平台，打造全省数据汇聚、共享、服务的“总枢纽”，实现与国家、市州的纵向贯通，与省直部门的横向联通。建成数据服务和应用服务接入与发布的统一入口，实现数据汇聚、存储、共享、利用等环节的全生命周期管理以及标准化、目录化的应用支撑服务，全面赋能各部门数字政府应用建设。

持续提高政务数据质量。明确数据采集、汇聚、存储、分析、共享等各环节数据质量和职责要求，建立健全数据全生命周期质量管理体系。完善政务数据治理管理架构，全面提升全省政务数据管理、运营、监管能力。以业务应用为导向，组织各地各部门持续开展数据治理。完善数据分类分级、质量管理、脱密脱敏和安全管理等数据治理相关标准及规范性文件，规范全省政务数据治理工作。持续支持各单位结合业务需求开展数据应用，通过数据应用检验治理成效，推动数据质量提升。

推进政务数据有序共享。按照“应归尽归”的原则，推动各级各部门全量政务数据向省政务数据共享平台归集。逐步取消省直各部门之间非涉密数据通道，非涉密政务数据集中通过省政务数据共享平台进行共享。建立省级层面政务数据共享议事协调机制，强化全省政务数据共享统筹协调力度和服务管理能力，推进数据跨层级、跨地域、跨系统、跨部门、跨业务有序共享。根据部门职责梳理政务信息资源目录，编制政务数据供需对接清单，纳入全国一体化政务服务平台和国家数据共享交换平台运行管理、及时更新。

专栏 7-1

政务数据开放前沿：上海经验

上海政务数据的开放与共享水平在国内领先，其政务数据共享已经成为国内的标杆。上海的具体做法是：

法规政策保障——颁布法规，为公共数据开放保驾护航。2019 年 12 月，上海颁布了《上海市公共数据开放暂行办法》。这是国内首部针对公共数据开放的地方政府规章，为公共数据的开放提供了法律规范与保障。

执行制度支持——颁布数据开放具体分级制度，为实操提供支持。除《上海市公共数据开放暂行办法》这一整体的法律保障之外，上海市还颁布了《上海市公共数据开放分级分类指南（试行）》，在国内首次提出分级分类的数据开放模式，明确将政府公共数据分为三个类别，通过对不同类别的数据提出不同的开放条件和开放状况，真正实现数据开放的实操支持。

打造数据开放平台——成立公共数据开放平台。截至2024年6月11日已开放51个数据部门、135个数据开放机构、5 532个数据集（其中2 123个数据接口）、84个数据应用、45 631个数据项、1 992 503 787条数据。

——选编自上海市公共数据开放平台相关文章

三、开展政务数据治理

数据治理与应用是一项复杂、长期的系统性任务，湖南需要“转变思路”，促进数据标准化治理，完善数据协同化治理，健全数据体系化治理，从而更好地释放政务数据治理的强大力量。

促进数据标准化治理。数据标准化治理是指在遵循国家和相关部门数据标准化规范的基础上，依据科学客观的标准化规范指导，从而实现数据的高效运行和有效治理。具体而言，首先，需要确定数据标准规范，在数据目录、数据采集、数据管理、数据分析、数据保障等方面明确出台统一的标准规范，萃取黄金数据，摒弃垃圾信息，从而确保政府数据治理的科学性和客观性。其次，需要确定技术标准规范，解决数据技术整合、平台接口规范和数据库的技术建设问题。唯有技术标准与实践需求相匹配，才能更好地助推政府数据治理的效益提升。最后，需要明确数据权责清单，建立数据统筹管理机制，从而更好地为政务数据的全周期运行和标准化治理提供保障规范。

完善数据协同化治理。政务数据治理的重要环节之一是实现跨层级、跨部门、跨业务之间的数据协同，从而赋予完整的数据以全新的知识能力，最终解决社会治理中的突出问题。政务数据的协同化治理，首先，需要在政府不同部门之间、政府与企业之间、政府与人民群众之间建立良性的互动协商机制，通过数据共享、业务联动、窗口建设等助推大数据和区块链的构建，从而呈现政府完整数据，发挥数据治理效能。其次，需要完善人工智能算法，要从复杂的社会现象、海量繁杂的数据中提炼知识，提高政府有效治理能力。最后，需要发挥“知识中台”的智能化作用，为更好地吸纳和培育现代数字技术人才提供平台应用和组织支持。

健全数据体系化治理。数据的体系化治理是相对于碎片化治理而言的，政务数据长期处于碎片化的状态，无法通过系统的整体性思维来推进政府数据治理能力，因此数据体系化治理才日益受到政府部门和社会公众的重视。在健全数据体系化治理、实现应用价值创新方面，一是要通过积极推动住房、医疗、卫生、环境、交通、教育等事关人民群众切身利益的民生领域实现数据融合和集成应用，深入推进互联网、云计算、物联网等数字技术在电信、金融、经济等行业的应用创新，注重政府数据治理的应用领域全覆盖。二是要通过科研项目支持、直接参与指导、协同企业合作等方式，注重政府数据治理的产学研体系全发展，最终促进政府数据治理现代化。

四、促进公共数据开发利用

当前，数据已成为关键的生产要素，社会各界对公共数据高质量开放的需求越来越强烈，广东、海南、山东、浙江等地出台了公共数据开发利用的政策法规，积极推进公共数据资源开发利用，创新数据产品开发与数据服务方式。湖南要以高质量推动公共数据资源开发利用为重点，加大力度破除制约公共数据价值释放的痛点堵点，充分调动政府、企业、社会等各方面的积极性和能动性，依法依规促进公共数据资源的有序化共享开放和规范化开发利用。

推进公共数据资源有序开放。在公共数据资源目录管理框架下，构建公共数据分类分级开放和动态更新机制，推动公共数据依法有序开放。完善数据开放标准规范，提升公共数据开放质量和应用水平。健全公共数据定向开放、授权开放管理制度，有序释放公共数据进入市场化流通。开展公共数据供需对接活动，加快建立公共数据资源平台，推动公共数据资源的有序开放。

创新数据资源开发利用模式。创新政务服务和大数据中心数据服务模式，建立省政务服务和大数据中心对市场主体的数据服务规则和流程，满足市场主体对公共数据资源的应用需求。引导市场主体探索公共数据资源开发利用，鼓励掌握数据的自然人、法人和非法人组织与政府开展合作，提高社会数据开发利用水平。引导高校、科研机构和市场主体开展公共数据分析挖掘、数据可视化、数据安全与隐私保护等技术研究。

推进数据资源融合应用。根据市场主体对公共数据的应用需求，选取典型业务场景推进公共数据与社会数据融合应用试点。创建数据融合可行模式，分阶段、分领域推进数据要素标准化试点，提高数据质量和规范性，丰富数据产品。指导各市州推进数据资源整合应用，形成示范带动效应，逐步扩大公共数据和社会数据融合应用领域。支持工业企业建设数据汇聚平台，实现多源异构数据的融合和汇聚，提升数据分级管理能力，促进数据充分使用、全局流动和有序共享。

第三节

创新“一网通办”的服务应用体系

“一网通办”是“互联网 + 政务服务”的迭代升级，打通了不同部门的信息系统，解决了办不完的文、盖不完的章、跑不完的路这些“关键小事”，成为打造效能政府的关键之举。“一网通办”作为新时代政务服务的新名片，离不开数字化体系的构建、数字化服务的转型、数字化平台的融合。湖南要坚持“一网通办”服务理念，以场景应用驱动服务供给创新，持续推进“一网通办”改革，加快做好数字政府建设。

一、创新政务服务应用建设

推进政务服务“一网通办”，关键要不断创新政务服务应用建设。湖南要着力建设升级重点民生实事“湘易办”超级服务端，运用新兴技术和数字化手段，持续推进审批变革、改进政务服务、创新服务方式、优化服务流程、丰富应用场景、扩展服务内容，切实将“湘易办”打造成企业和人民群众能用常用爱用的“掌上宝”，湖南数字政府建设、优化营商环境的新名片、新品牌，全国移动政务服务的新标杆、新坐标。

充分利用省政务服务一体化平台能力，持续升级“湘易办”智能搜索、智能推荐、智能表单、智能客服、用户中心、消息中心、数字空间、电子证照等服务，提升“湘易办”的兼容性、便捷性以及智能化、智慧化水平。坚持“数据同源、用户一体”的原则，聚焦受众面广、办理量大、企业群众急需的高频特色服务，不断丰富省直部门、市州及湘江新区旗舰店服务内容，同时优化已上线服务事项流程，将其与“湘易办”进行服务融合，提升用户体验。

探索形成“省直部门牵头、分级负责”“条线为主、条块互动、各级协同”的政策兑现管理模式，逐步形成全省兑现政策统一平台发布、兑现事项统一平台办理、兑现数据统一平台汇聚的工作机制，全量梳理本地本部门可兑现的政策，在“湘易办”进行发布实施。统筹建设涉企服务后台支撑系统，实现惠企政策“即申即享”“免申即享”。

按照“需求引领、集成统筹、信息共享”原则，聚焦群众和企业高频办事需求，不断丰富交通出行、便民缴费、景区预约、消费券发放等生活服务，持续优化“福利申领”“证明开具”“信用融资”等高频服务流程，为企业、群众提供电子证明开具线上申请、线上审批、线上开具、线上公示等一体化服务，扩大“一码通”“扫码乘车”“预约挂号”等应用场景，推动“湘易办”更加便民利民。

二、创新决策运行应用建设

加速推进在政府决策中的应用是“一网通办”不断创新的重大举措。湖南要不断强化省级行业应用建设和跨部门协同应用建设，打造经济运行综合监测分析平台和“双碳”综合服务平台等服务载体，持续升级“互联网＋监管”平台。

强化省级行业应用建设。推动建设财政预算管理、审计监督、税务管理、金融风险防控、国有资产监管、工业监测、商务和开放型经济监管、科技管理和服务、市场监管、社会治安、应急管理、粮食和物资储备、消防救援、信访、法治政府建设、住房城乡建设、交通运输、农业农村、教育、医疗健康、人力资源和社会保障、民政、文化旅游、生态环保、自然资源、林业、水利、档案管理、网格空间治理等应用专题。

推进跨部门协同应用建设。建设公共服务“一卡通一码通”。建立集身份认证、待遇支付、资金结算等功能于一体的“一卡通一码通”信息平台，全面推广其在社会保障、交通出行、卫生健康、文化旅游等领域的应用，提高服务效能，方便居民办事，实现“一卡/码通行、畅享所有服务”。

建设经济运行综合监测分析平台。汇聚投资、消费、税收、财政、金融、能源、产业等重点领域的经济运行数据，形成全省宏观经济数据库。开展基于大数据和人工智能的关联分析与深度应用，围绕经济运行监测、营商环境评价、美好生活服务等领域，建立政策执行范围、落实实效和运行态势的综合分析模型，提升政府决策数字化分析能力，以及政策制定的科学性、预见性和有效性。

升级“互联网+监管”平台。运用数字技术实现对全省重点监管事项的实时跟踪，推动以远程监管、移动监管、预警防控为特征的非现场监管，实现“一处发现、多方联动、协同监管”。加强各领域监管数据归集、治理、分析、应用，实现规范监管、精准监管。

三、创新治理应用建设

“一网通办”，关键是“办”。“一网通办”通过解决各种“关键小事”，有力推动了治理能力水平的显著提升。未来，湖南要突出特色亮点，强化市场力量参与、创新应用建设和项目库池建设，结合群众和企业的实际需求，出台针对性的优化举措，推出个性化的专项服务，不断创新治理应用建设。

强化市场力量参与。借鉴武汉市武昌区的经验，面向市场，发布一批数字政府应用场景需求清单，实现“政府提需求，企业给方案”。如武昌区第一批65项数字政府应用场景需求清单，涉及营商环境、帮扶救助、社会治理、行政效能、应急安全等多个领域。应用场景解决方案申报主要以“技术创新优、应用效果好、复制推广性强”为申报标准，同时邀请政府领导、科研学者、产业投资专家等智库成员组建评委会，评选出最具数字化、智慧化的优秀方案纳入“智慧湖南”“数字政府”建设解决方案库，鼓励相关政府部门优先采用。

强化创新应用建设。近年来，湖南数字政府在建设在线政务场景应用上取得了积极成效。但政务数据资源的深度决策支持价值还有待进一步挖掘，数字技术赋能智能辅助决策场景建设有待加强，个性化、精准化、定制化公共服务还有待开发。例如，湖南数字人民币缴纳社保、医保等未完全落地。湖南需要进一步开展本地本部门特色应用创新建设，加强“一地创新，各地复用”，形成一批新技术应用场景创新优秀案例，搭建数字政府应用超市，着力将湖南打造成为“数字应用强省”。常态化举办“数据加工 × 产业转型”场景挑战赛，形成“以赛促产”的生态培育模式。在文化、交通、气象、医疗等市场需求大、数据资源多的行业和领域拓展应用场景。例如，在“文化 + 科技”领域，在马栏山视频文创产业园先行试点数据资产登记、评估、交易制度，搭建省级文化数据交易平台，推动文化数据从资源形态向资产形态转化；推进国有文化企业、科技龙头企业联合组建数据运营主体，通过授权开发、联合研发等方式，盘活“沉睡”的文化数据资源。

强化项目库池建设。建立全省数字政府创新应用项目库，定期开展优秀案例的评选和评估。加快建设完善数字应用场景滚动推进省级项目库，持续推进智能化应用场景行业全覆盖部署，按照推广一批、创建一批、培育一批的原则，组织开展全省数字化转型典型应用场景项目库申报工作。建立健全数字技术应用项目落地机制，持续促进数字技术、产品和解决方案应用和迭代，推动经济社会各领域数字化、智能化转型。深入推动5G技术在工业互联网、无人驾驶、智慧港口、在线教育、远程医疗、超高清视频、线上展览展示等领域的应用，普及推广人工智能、大数据、区块链等技术融合应用。每年评选出一批数字创新应用示范和标杆企业以及项目应用案例。

第8章

描绘数字社会新图景

加快数字社会建设，统筹规划建设一批行业信息化应用系统，建立重点领域的智慧化融合应用系统，提高公共服务数字化智能化水平。

——《湖南省国民经济和社会发展第十四个五年规划和二〇三五年远景目标纲要》

加快数字社会建设步伐是推动现代化发展的必然要求，是贯彻新发展理念的题中应有之义，是创造美好生活的重要手段。加快数字社会建设的目的是运用数字技术，为满足人民美好生活需要提供数字化新场景新供给。近年来，湖南数字惠民水平大幅提升，但数字化在社会治理、民生服务等领域的融合应用还有待深化。要坚持以人民为中心的发展理念，找准数字社会建设的切入点和着力点，提高利用数字技术保障和改善民生的可及性、便利性、普惠性、时效性，增强人民群众的获得感、幸福感、安全感。

第一节

拓展数字公共服务

优化公共服务直接关系人民群众切身利益，是社会文明进步的重要内容。数字技术的渗透与普及成为推动公共服务均等化、普惠化、高效化、便捷化的重要手段，信息化、智能化、数字化有助于创新公共服务供给方式、提升公共服务品质，提升公共服务数字化水平是让广大人民群众共享数字经济发展成果的必然要求。

一、推动智慧教育普惠共享

提高智慧教育基础支撑能力。推进校园网络提速增智，提升学校基础网络环境建设水平，加快 IPv6 等新一代网络技术的规模部署和应用，通过 5G、千兆无线局域网等方式实现校园无线高质量全覆盖，建设支持多种协议的校园物联网，满足数字校园建设长远发展需求。加快智慧校园、智慧教室、虚拟仿真实验室、虚拟教研室、智慧图书馆建设，打造在线智慧学习空间，拓展智慧化应用场景。完善智慧教学设施，提升多媒体教学装备水平，支持互动反馈、高清直播录播等教学方式，部署学科专用教室、教学实验室，依托感知交互、仿真实验等装备，打造生动直观形象的新课堂。建设智慧科研设施，推动智能实验室建设，促进重大科研基础设施、高性能计算平台和大型仪器设备开放共享。

高水平建设智慧教育平台。构建国家、省、市、县、校五级贯通联动的智慧教育平台体系，建立向上与国家平台和向下与市县校平台的双向协同、全域贯通的资源汇聚与分发机制，实现向国家平台一键式提供优质特色化课程资源，向地方和学校一键式推荐和输送优质资源。集聚教研、电教、学校、融媒体等多方优势，打造湖湘“名师、名家、名校、名课”精品资源库，满足学校师生的多样化学习需求。优先服务师生和社会急需，指导各地各校在课堂教学、教师培训、辅导答疑、课后服务等工作中，广泛使用各级智慧教育平台提供的优质资源。运用平台资源助力深化“双减”、赋能教学、改善人才培养质量。汇聚数字图书馆、数字博物馆、数字科技馆等社会资源，建立教育大资源服务机制，提供海量的优质资源和精准的资源服务，促进教育公平和高质量发展。

推进数据驱动教育评价改革。推进基础教育、职业教育、高等教育各级各类学校的全体师生充分利用各级智慧教育平台提供的优质教育资源和就业信息，变革教学方式、学习方式，提高教育教学质量。充分运用国家和省级智慧教育平台大数据跟踪学生学、教师教、学校管的全过程，开展精准评价、诊断、改进，为师生发展、成长提供个性化、精准化服务。探索建立基于用户认可度的优质课程资源遴选规则，形成有效的激励机制，将优质资源的使用情况纳入教师考核评价，让广大教师从拼分数、争帽子、发论文的束缚中解脱出来，巩固深化破“五唯”改革成效，推动教育全面创新。

专栏 8-1

北京市东城区依托人工智能技术助力教育体系重塑

教学体系重构：双师课堂打破教育的时空边界。在全区推广在线教学平台，并在集团校、结对校之间有计划地开展双师教室改造和双师课堂探索。

育人体系升级：融合课堂提升教育教学质量。线上线下融合课堂形式新颖，为学生提供了体验式深度学习的新场景，激发了学生的学习兴趣和积极性。

作业体系优化：AI 助教提升作业质量，减轻师生负担。利用东城区智慧教育云服务平台中的“作业精准管理”等模块，教师可完成自由出题、精准讲评、个性化作业推送等工作，同时可根据学生线上作答结果生成分析报告。

教研体系重塑：技术支持下的区域精准性“大教研”。建立大数据精准教研中心平台，平台融合数据、资源、应用、人工智能技术于一体，形成“一平台四中心”体系架构。

教育体系变革：科研引领下的教学研一体化。以英语学科为试点，教师基于英语听说教考平台等软硬件设备开展教学，深度挖掘学生日常练习中产生的各类数据，生成区、校、班、学生个体分析报告，形成独具特色的“数据赋能师生素养发展东城模式”。

——选编自互联网教育国家工程研究中心微信公众号 2022 年 10 月 27 日相关文章

二、推进智慧医疗加速普及

完善智慧医疗基础体系。逐步建设覆盖全省各级医疗卫生机构的高速宽带、无缝覆盖、智能适配的新一代信息网络基础设施，加速推进卫生健康新基建。优化完善湖南省全民健康信息平台，加快汇聚人口个案、健康档案、诊疗记录，推动省医疗保障信息平台建设，强化互联互通与资源共享。加强省全民健康信息平台与国家全民健康信息平台、省政务服务云平台、省自然人平台、省财税平台、省“互联网＋监督”平台等的信息共享，实时提供全员人口信息、健康扶贫信息、医师与护士注册信息等数据。破除信息化壁垒，加强标准化建设，统一医疗服务、药品采购、医保报销等信息系统代码标准。加强信息和网络安全防护，落实信息安全等级保护制度。

加强健康医疗大数据资源应用共享。推进湖南省健康医疗大数据中心建设，加强5G、区块链、大数据、人工智能、云计算等技术在“互联网＋医疗健康”中的应用，深化健康医疗大数据在行业治理、临床医疗、公共卫生、医学研究等方面的应用。构建湖南省健康医疗大数据基础支撑体系、基础应用体系、产业支撑体系、服务管理体系，加强数据标准、安全和服务管理，推动辅政、利医、惠民、兴业应用。鼓励有条件的医院开展5G技术远程问诊、远程手术、AI辅诊等。

专栏 8-2

智慧医疗发展趋势

线上线下一体化：运用互联网数字技术优化智慧医疗服务流程，让病情轻微的患者少跑腿，让情况严重的患者第一时间得到救治。

电子病历互联互通：患者信息在不同院区间实时流动并共享，使远程医疗平台、影像辅助诊断云平台、区域信息集成平台、区域医疗中心、区域影像中心、区域检测中心等重点建设领域得以落地。

就医流程再造：打破医疗边界，将医疗服务下沉到社区，再进一步延伸至家庭和个人，通过智能技术将医院与个人、院内与院外的健康数据结合，从而提供全生命周期的健康服务。

数据驱动医疗：大数据驱动将使医疗从普适化模式逐渐向个性化模式转变，进而形成包括预防、诊断、治疗和康复的全产业链条，精准满足居民的就医和健康管理需求。

——选编自中投产业研究院发布的《2025—2029 年中国未来产业之智慧医疗行业趋势预测及投资机会研究报告》等资料

促进“互联网＋医疗健康”发展。统筹开展基于“互联网＋”的疾病预防控制、卫生应急管理、妇幼健康服务等各业务领域的信息化建设。加快互联网医院建设，构建覆盖诊前、诊中、诊后的线上线下一体化医疗服务模式。推进智慧医院、数字医联体、医共体建设和医学人工智能创新发展。大力发展远程医疗，促进优质医疗资源下沉。建设区域检验、检查数据共享交换平台。逐步统一各类诊疗卡，将电子健康卡平台打造为居民享受“互联网＋”健康服务的统一入口，实现跨地区、跨机构看病就医“一卡通”，逐步实现电子健康卡、医保卡通用。

三、提供便捷就业社保服务

全面落实就业数据共享共用。顺应人力资源和社会保障事业发展的需要，结合“金保工程”二期项目建设，利用云计算、微服务、区块链等新技术，加快推进全省集中统一的人社信息系统建设，推动数字技术与人社业务充分融合创新，实现全数据共享、全服务上网和全业务用卡。根据全国人社数据跨层级跨部门共享服务目录，细化形成全省共享服务目录，凡是纳入目录的数据不得要求群众重复提供。建立全省人社电子证照库，纳入社会保障卡、职业资格证书等各类证照，开通查询核验服务，实现人员身份、业务状态、证书证明等部门内外数据的共享查询和比对核验服务，进一步减少重复提交证明材料，减证便民。利用数据共享提升事中监管能力，在业务办理过程中嵌入全国数据核验，防止出现监管真空。

加快推进就业社保服务流程再造。加快适应线上线下衔接需求，规范明确各项目录任务对应的政策、经办流程、数据表单、系统对接等要求，推动实现省内一体化经办和全国业务的跨省通办。持续推动各项审批服务事项在政府一体化平台“应上尽上”，在全省范围内提供无差别、一体化的公共服务。建立区域间的相互协作、超期督办、问题反馈等工作机制，及时响应满足群众线上服务过程中的合理需求和诉求。

全面推广社保“一卡通”应用。明确人社领域线上线下用卡场景，依托社会保障卡的身份认证、缴费支付、就医结算等主要功能，在人社领域实现身份凭证用卡、人社缴费凭卡、补贴待遇进卡、工伤结算持卡。归集其他民生保障领域用卡场景，支持各类民生卡整合，提供集成服务支撑，推进就医购药、惠民惠农及各类财政补贴资金发放、智慧城市等领域用卡，推动以社会保障卡为载体建立居民服务“一卡通”。

四、打造智慧文旅新模式

大力推进文旅资源数字化。对文旅资源进行数字化转化和开发，让优秀文旅资源借助数字技术“活起来”，将所蕴含的价值内容与数字技术的新形式新要素结合好运用好，实现创造性转化和创新性发展。支持文化场馆、文娱场所、景区景点、街区园区开发数字化产品和服务，将创作、生产和传播等向云上拓展。推动演艺演出、图书文献、文化遗产、艺术作品、艺术档案、文创产品、导游导览、文旅知识图谱等内容数字化。推动文旅资源科学分类，整合文物、古籍、美术、戏曲剧种和旅行社、旅游景区、星级饭店、乡村民宿、全域旅游等公共数据资源，形成文旅公共资源数据库，满足数据应用和数据共享场景需求。支持文物、非物质文化遗产通过新媒体传播推广，鼓励线下文艺资源、文娱模式数字化，创新表现形式，深化文化内涵。鼓励依托地方特色文化资源，开发具有鲜明区域特点和民族特色的数字文化产品，助力乡村振兴。

积极开发智慧文旅新业态。注重新技术对文化体验的改变，创新文化消费场景，培育壮大云旅游、云娱乐等新型消费形态。引导和支持虚拟现实、增强现实、5G+4K/8K 超高清、无人机等技术在文化领域应用，发展全息互动投影、无人机表演、夜间光影秀等产品，推动现有文化内容向沉浸式内容移植转化，丰富虚拟体验内容。促进数字文旅与社交电商、网络直播、短视频等在线新经济相结合，发展旅游直播、旅游带货等线上内容生产新模式。提高文旅消费便捷程度，推广电子票、云排队等网络消费新方式，提升数字化预约能力。支持利用数字技术打造夜间文化和旅游产品，推动数字文化融入夜间经济，激发夜间消费活力，为夜间经济增光添彩。推动线上线下消费融合，发挥线上交流互动、引客聚客、精准营销等优势，引导线上用户转化为实地游览、线下消费。推动沉浸式业态与城市公共空间、特色小镇等相结合。开发沉浸式旅游演艺、沉浸式娱乐体验产品，提升旅游演艺、线下娱乐的数字化水平。

创新文旅行业治理模式。建立文旅行业数据共享机制，逐步实现全省文旅行政部门、文旅企事业单位间平台通、数据通。推动行业监管从单向管理向双向互动、从线下向线上线下融合转变。建立完善事前、事中、事后全流程，安全、质量、信用全方位的数字化监管机制，实现信息可查询、实时可监控、过程可追溯。围绕文旅行业发展趋势、文旅市场节假日安全调度和文旅领域突发事件应急处置等重点，建立文旅“一张图”和“驾驶舱”，强化风险研判和预测预警，构建组织在线、协同在线、业务在线的行业治理格局，提升决策科学化、治理精准化、服务高效化水平。

专栏 8-3

“智慧泰山”助力景区提质升效

一个平台，护航泰山，提升智慧化管理水平：以地理信息系统为载体，在防火安全和旅游安全两个方面，打造三维大数据云管理平台。

一部手机，游遍泰山，智慧服务提升游客体验：建设“智慧泰山”微信服务号，通过微信购票、电子导游、直播泰山、VR 全景、泰山公告等主要功能，让游客充分体验到“智慧泰山”的便捷和魅力，真正实现“一部手机，游遍泰山”。

一种模式，研发创新，打造精品智慧旅游项目：景区与海康威视、中国联通、百度地图联合成立国内首家景区智慧旅游研究院、“5G+ 智慧泰山联合实验室”、“泰山—百度地图智能旅游创新中心”，以共同研发的模式签署战略合作协议，布局 5G+、VR、AR 等先进技术，共同研究创新智慧旅游解决方案。

——选编自新华网 2023 年 8 月 29 日相关文章

五、推进智慧交通便捷畅享

推动交通运行管理智慧化转型。综合交通运输智慧协同治理，促进交通信息资源高度集成共享和综合开发利用，提升综合交通运输运行监测预警、安全风险分析研判、调度指挥等支撑能力。围绕拥堵疏导、换乘接驳等，推动大数据、北斗卫星导航、图像识别等技术在调度、安检、维护等领域的智能创新应用，推动智能决策、动态车道、自动驾驶等人工智能技术的集成创新与应用落地。完善营运车船动态监管系统，提高“两客一危”车辆、“四客一危”船舶、重型载货汽车、牵引车、地面公交和出租汽车的接入率，加强对行业运行安全和服务水平的监管。推动客运班线车辆、旅游包车和危险品货运车辆信息与全国道路运输车辆动态信息公共交换平台对接。推动科技治超，建设全省治超联网管理信息系统，推进治超工作“全站点覆盖、全过程记录、全业务上线、全链条管理、全方位服务”。

打造高品质交通出行服务体系。围绕基础设施数字化、自动驾驶和车路协同、北斗高精度定位等综合应用，加快智慧公路、智慧港口、智慧机场、智慧枢纽等新型基础设施建设，持续推进已运营设施智慧化升级改造。聚焦出行体验、服务品质以及物流效率等重点领域和关键环节，丰富和推广智慧交通场景应用，积极打造多渠道、多层次、多方式的出行信息服务体系，提供一站式、全过程服务。面向公众出行信息需求，通过移动终端、网站等多种载体，提供涵盖公共交通、对外交通和道路交通的综合性、多层次信息服务，包括交通资讯、实时路况、公交车辆动态信息、停车动态信息、水上客运动态、航班动态和铁路动态等，提供出行路径规划、出租召车、出行过程中的信息交互等服务。推广“互联网 +”停车新模式，建设一体化的停车服务平台，大力推进公共停车场（库）信息采集系统、道路停车场电子收费系统、公共停车信息综合管理服务系统的建设，全面提升停车行业信息化服务水平，最终实现停车行业与动态交通的有效衔接。

六、提升智慧民政服务水平

推动民政信息系统整合共享。紧密结合民政部“金民工程”建设要求和湖南省“智慧民政”项目建设规划，围绕基础设施、信息资源、应用服务、信息安全等制定框架合理、层次清晰、规范完整的信息化标准规范。构建民政大数据资源体系，全面梳理民政数据资源，归集全行业民政数据，形成覆盖自然人、家庭、村委会（居委会）、社会组织法人、民政服务机构的全要素数据库。进一步深化数据资源共享开放，强化条块衔接、纵横联动和政民互动，打通数据信息链和业务服务链，破解民政统计数据与业务数据“两张皮”问题，构建深度融合、上下联动、纵横协同的信息一体化大系统，实现由分散建设向共建共治共享的模式转变，充分发挥信息化整体效能。充分利用民政数据关联性强、耦合度高、覆盖面广的特点，加强数据资源开发利用，有效实现用数据管理、决策和创新，更好地服务科学决策，不断提高智能化建设水平。

加快推进大救助大核对一体化体系建设。持续推进建设跨部门、跨层级、跨系统、跨业务的集社会救助全覆盖全流程信息管理、居民经济状况核对、低收入人口动态监测数据库于一体的大救助大核对一体化平台，实施“8+X”社会救助全省通办、部门联办、主动发现、动态监测、全面覆盖。整合所有涉及救助和多元社会力量参与的社会大救助管理部门信息系统，将核对系统作为各救助业务开展的一个公共核查工具，各部门间建立信息交换共享机制。拓展核对数据辐射范围，在核查地域方面，通过部、省、市、县、乡五级联网贯通，使核查范围更广更全；在核查领域方面，推动电力、教育、金融、残联等联动调查，充分利用好辅助评估手段，确保做到精准评估、精准救助。

提升民政服务效能和水平。着眼“精准、精细、精确”，扎实推进民政信息化、数字化、智能化建设，充分发挥“两微一端”等政务新媒体优势，积极利用第三方平台不断拓展政务服务渠道。以社会救助、养老服务等重点民生领域为突破口，积极推进覆盖范围广、应用频率高、社会高度关注的民生服务事项向移动端延伸，推动实现更多政务服务事项“最多跑一次”“掌上办”“指尖办”。不断推进政务服务一体化，按照“一网通办”要求，进一步梳理民政领域公共服务事项，编制公共服务事项清单及办事指南，逐步推进公共服务事项规范化。不断完善儿童、残疾人、基层治理、慈善社工等多个信息与服务系统建设，从业务整合、功能扩展、流程重构和服务延伸等方面推动改造社会救助、婚姻登记等信息系统，实现民政业务一体化全覆盖应用。

第二节

打造新型智慧城市

利用智慧技术，建设智慧城市，是当今世界城市发展的趋势和特征。智慧城市是城市信息化的高级形态，智慧城市建设有利于实现经济、社会、生态的可持续发展和满足人们“诗意地栖居”的要求。应以信息技术为基础，依托信息产业发展和技术创新应用，通过整合信息资源，全面提升城市居民的生活质量和幸福指数，推动城市经济社会发展模式的转型和城市治理的现代化。围绕城市总体发展需求，根据城市规模、特点和信息化基础，分级分类推进新型智慧城市建设，探索大中小各具特色的新型智慧城市发展路径。

一、推进新型城市基础设施建设

全面推进城市信息模型（CIM）平台建设。以CIM平台为依据，整合城市体检、市政基础设施建设与运营、房屋建筑施工和使用安全等信息资源，加快构建三维城市空间模型和城市信息大数据的有机综合体，实现针对城市发展、市政、交通、公共服务等关键决策领域资源的智能动态配置，充分运用现代科技和信息化手段，加强城市安全智能化管理。

构建多元动态的城市感知网络。实施物联、数联、智联三位一体的城市感知网络建设工程，构建泛在互联、多元动态的“城市神经网络系统”，强化“城市神经元”节点的人工智能和边缘计算能力，实现对公共设施（如路桥、管网等）和生态环境等城市信息的实时采集。进一步加大“雪亮工程”补点扩面的建设力度，建好建强城乡公共安全视频监控系统，消除盲区、加强联网、落实运维，实现各类视频监控资源全域覆盖、全网共享、全时可用、全程可控，不断提升预测预警预防能力。以小区院落、公交场站、人员密集场所、交通卡口等为重点，推进人脸识别、电子围栏、热力感应等设备建设，加强数据综合采集，提升智能感知能力。

实施智能化市政基础设施建设和改造。对城市供水、排水、供电、燃气、热力等市政基础设施进行升级改造和智能化管理，提升市政基础设施的运行效率和安全性能。协同发展智慧城市与智能网联汽车，以支撑智能网联汽车应用和改善城市出行为切入点，建设城市道路、建筑、公共设施融合的感知体系，打造车城网平台。

二、打造数据驱动的“城市大脑”

鼓励开展“城市大脑”通用平台建设。充分利用云计算、大数据、物联网、人工智能等新一代信息技术，加快构建支撑经济、社会、政府数字化转型的城市开放式智能运营平台，提升平台物联感知、数据整合、算力算法等能力，全面汇集城市感知、运行、管理等海量数据，打造大数据、强算力、优算法、高智能的“城市数字中枢系统”。通过对城市各领域数据资源的汇聚、整合和开发，提升数据应用价值，实现以数据资源为基础的城市治理模式和服务模式创新。优先在交通、应急、城管、文旅、公安等领域挖掘特色应用场景，有序推进其他行业系统与平台对接联通，逐步实现城市运行“一网统管”。

完善“城市大脑”下的“神经元系统”。加快布局建设涉及公共安全、公共管理和公共服务领域的视频图像、监测传感、控制执行等各类智能传感终端，推动地上、地下、空中、水域末端感知基础设施立体覆盖。集成发展新一代感知、网络、算力等数字基础设施，推动城市资源全面 AIoT（人工智能物联网）化，加快实现城市物联、数联、智联。

推进“城市大脑”示范试点建设。鼓励设区市以及基础条件好、应用需求突出的县（市、区）率先开展示范试点，在统一通用平台、统一开发标准、统一应用框架下错位发展，结合当地实际，推动个性化、有特色的试点创新、实践创新和服务创新。

专栏 8-4

杭州“城市大脑”建设的“531”逻辑体系架构

“5”即“五个一”：打通“一张网”，一张确保数据无障碍流动的网，通过统一标准，支撑“城市大脑”的数据资源需求；做大“一朵云”，一朵将各类云资源连接在一起的“逻辑云”；汇聚“一个库”，形成城市级数据仓库，同时做好数据治理，确保数据鲜活、在线；建设“一个中枢”，作为数据、各系统互通互联的核心层，实施系统接入、数据融合、反馈执行；建强“一个大脑”，在全市统一架构，一体化实施，彻底打破各自为政的传统建设模式，实现市、区两级协同联动，防止重复建设。

“3”即“三个通”：第一个“通”是市、区、部门的互联互通；第二个“通”是中枢、系统、平台、场景的互联互通；第三个“通”是政府与市场的互联互通。

“1”即“一个新的城市基础设施”：“城市大脑”通过全面打通各类数据关卡，接入各业务系统，实施融合计算，将为城市建设一个会思考、能迭代进化的数字化基础设施。未来，“城市大脑”会随时为杭州市民、来杭游客提供服务，如同道路、水电一样，成为必不可少的基础设施。

——选编自杭州市人民政府门户网站相关文章

三、建设科技赋能的“美好生活社区”

集约建设智慧社区平台。充分依托已有平台，因地制宜推进智慧社区综合信息平台建设，推动部署在不同层级、不同部门的各类社区信息系统与智慧社区综合信息平台联网对接或向其迁移集成。依法向社区下放政务服务审批受理权限，扩大社区政务服务事项网上受理、办理数量和种类，拓展政务事项查询、办理、反馈功能。完善电子政务服务流程，实行“前台一口受理、后台分工协同”运行模式，加快跨部门业务协同、信息实时共享，推动就业、医疗、养老、助残、托育、未成年人保护等服务“指尖办”“网上办”“就近办”。推进智慧社区综合信息平台与城市运行管理服务平台、智慧物业管理服务平台、智能家庭终端互联互通和融合应用，提供一体化管理和服务。

拓展智慧社区治理场景。推进互联网与社区治理和服务体系的深度融合，推动基层党建、基层治理、政务服务、文化教育、健康养老、低碳生活、家政物业等数字化、智慧化场景应用。依托智慧社区综合信息平台建立健全民情反馈、风险研判、应急响应、舆情应对机制，提升社区全周期管理水平。搭建社区灾害风险预警模型，发展实时监测、智能预警、应急管理智能应用，全面提升社区预警和应急处置能力。全面推进“互联网+社区党建”，推动社区党建工作和党员管理服务信息化，做好网上群众工作。促进智慧小区建设，拓展智能门禁、车辆管理、视频监控等物联网和云服务。

拓展社区数字生活服务。依托智慧社区综合信息平台，聚合社区周边商超、物业、维修、家政、养老、餐饮、零售、美容美发、体育等生活性服务业资源，建设便民惠民智慧生活服务圈。推动社区购物消费、居家生活、休闲娱乐、交通出行等各类生活场景数字化，支持村（社区）史馆、智慧家庭、智能体育场地等建设，打造多端互联、多方互动、智慧共享的数字社区生活。强化数字技能教育培训服务，助力未成年人、老年人、残疾人共享智慧生活，消除数字鸿沟。

推进大数据在社区应用。充分依托自然资源和地理空间基础信息库，加强地名地址信息管理，完善社区重点场所常住居民、流动人口、失能老年人、未成年人和精神障碍患者等重点人群基础数据，深化大数据挖掘应用，提高基于高频大数据的精准动态监测预测预警水平。加快构建数字技术辅助决策机制，科学配置社区服务资源，优化社区综合服务设施功能布局。

四、推行“网格智管”的城市管理模式

统筹规划建设城市管理网格。采用“标配＋特配”的建设方式，普及网格化管理，构建省、市、县三级协同的城市网格化管理模式。依据《湖南省城市运行管理服务平台建设指南》和《湖南省城市运行管理服务平台数据规范》，加快实现省、市、县三级平台互联互通、数据交换和业务协同。加快推进湖南省城市综合管理服务平台建设，推动市（县）从数字城管到城市综合管理

服务平台升级，实现城市运行“一网统管”，提升科学化、精细化、智能化水平。

加快开展试点示范推广。坚持一手抓学习借鉴，一手抓创新探索，鼓励各地积极探索试点“网格智管”新模式，努力创造更多基层法治建设的湖南经验、湖南品牌。定期组织对试点地区的做法经验进行评估总结，对具有典型性、可操作性、普适性的做法，及时组织在全省范围内复制推广。如：推广益阳市以网格微信群建设联网应用为群众解决实际困难的成功经验，建立“网格化 + 微信群”社会治理数据底座，打造全省通用的“网小格”微信小程序汇集数据资源，以数字化畅通社会治理“最后一公里”。利用数字化手段推动“枫桥经验”在全省基层更好运用。

第三节

推动数字乡村建设

数字乡村建设是指通过发展数字乡村经济、建设数字乡村社会、开展数字乡村治理，以数字化转型驱动乡村生产方式、乡村生活方式和乡村治理方式发生变革。开展数字乡村建设不仅是当前“三农”工作的重要组成部分，也是实现乡村振兴和经济高质量发展的有效途径和坚实保障，可以促进乡村发展难题的解决，切实提升乡村治理效能，为乡村振兴实现良好开局提供有力支撑。当前，要积极开展数字乡村试点示范，以点带面推动全省数字乡村建设。

一、完善乡村信息基础设施建设

持续推进乡村网络基础设施建设。持续深化电信普遍服务，推动农村光纤、4G 网络广度和深度覆盖。面向有条件、有需求的农村及偏远地区，逐步推动千兆光纤网络建设，加快使用低频开展农村 5G 网络覆盖。推动乡村 5G 典型创新应用发展，加快 5G 技术在现代农业、乡村治理、智慧旅游、公共服务等领域深度应用，筑牢基于 5G 网络的智慧农业新基础。补齐边远山区通信网络设施短板，综合运用卫星通信等多种接入手段为用户提供宽带网络接入服务。完善农村地区广播电视体系，实现数字化、双向化、智能化，直播卫星服务覆盖农村地区，为农村地区用户提供融合新闻、视听、社会服务等的多功能智慧广电服务。

推动农村基础设施数字化改造升级。推进农业农村大数据中心建设，加强重要农产品全产业链大数据建设，打通基层数据共建共享，推进农村公路“一路一档”信息化试点建设。进一步完善农村公路数字化管理机制，加强基础数据统计、归集和共享机制建设。大力推进智慧水利建设，持续开展数字孪生流域和数字孪生水利工程先行先试。加快完善农村地区水利基础设施体系，推动水利基础设施智能化改造，利用智能感知监测预警，助力湖区山区防灾救灾抗灾减灾。继续实施农村电网巩固提升工程，提高农村供电可靠性和供电保障能力。支持发改、商务等部门，以及邮政、快递企业加强农产品产地冷链物流基础设施建设，积极推进冷链物流信息化。强化自然资源遥感监测“一张图”和综合监管平台建设，动态掌握乡村土地利用和发展状况，实现对基本农田信息、土地区块、作物类型、作物生长状况等信息的有效监测监管。

二、完善乡村数字化服务体系

完善农村信息服务体系。大力推动乡村建设和规划管理信息化，提高村级综合服务信息化水平。统筹建设乡村信息服务站点，加快农村综合性服务平台建设，推广村级“一站式”综合便民服务平台，推动“互联网＋社区”向农村延伸，实现信息发布、民情收集、议事协商、公共服务等村级事务网上运行。完善面向低保对象、特困人员、低收入家庭、孤寡和留守老人、留守妇女、留守儿童、事实无人抚养儿童、困境儿童、残障人士等特殊人群的信息服务体系。

推进乡村治理能力现代化。探索推进农村地区“互联网 + 平安建设”“互联网 + 基层自治”“互联网 + 公共法律服务”“互联网 + 党建”“互联网 + 监督”等，运用数字化手段支撑完善矛盾纠纷源头预防、排查预警、多元化解机制，提升数字乡村治理水平，打造党务、政务、服务有机融合的网络阵地。实施农村“雪亮工程”，推进应急广播体系建设。开展对农村饮用水水源水质、污染物、污染源在线监测，强化对较大规模农村生活污水处理设施和畜禽水产养殖场的污染监管和治理修复，助力乡村振兴。

三、深化数字化惠农便农服务

加快推进农村网上便民服务。推进省、市、县、乡、村五级数据互通，强化网上审批服务体系建设，力争尽快实现农民群众“办事不出村”“零跑腿”。丰富金融应用场景，采用新技术手段，创新金融产品，提升农户体验。持续深化大数据惠农便农应用，积极开展信息化助农行动，充分发挥省内“乡农荟”“芒果振兴云超市”等线上权威公益助农平台作用，推动农产品走出山间田间。引导全省网络社会组织和互联网企业参与网络扶贫，运用全国扶贫开发信息系统开展对脱贫人员的跟踪及分析，继续开展网络扶志和扶智，持续巩固拓展脱贫攻坚成果。

推进全面覆盖乡村的教育数字化建设。加大农村地区教育信息化基础设施建设投入力度，加快农村学校网络教学环境提质改造。实施农村网络联校攻坚行动，创新优质学校资源供给模式和薄弱学校资源应用模式，完善数字教育资源公共服务体系，推动优质资源有效覆盖全省农村学校，推进农村地区信息技术与教育教学深度融合发展。进一步完善教育帮扶“一单式”信息系统功能，加强教育与民政、残联、乡村振兴等部门信息共享和数据比对力度，提高资助数据质量，实施精准资助。全面掌握农村家庭经济困难高校毕业生情况，实行“一人一策”分类帮扶和“一人一档”动态管理，开展就业能力培训，提供精准化就业指导服务。

全面提升乡村“互联网＋医疗健康”水平。完善民生医疗保障信息服务，扩大异地结算范围，提高异地就医持卡结算率，加快实现城乡居民基本医疗保险异地就医直接结算、社会保险关系网上转移接续。加快推进市、县、乡、村四级医疗机构信息共建共享，满足基层医疗机构的信息化需求；同时，大力发展“互联网＋医疗”，实现远程医疗、远程教学、远程培训等服务。

第四节

推动社会治理数字化转型

党的二十大报告提出，“完善网格化管理、精细化服务、信息化支撑的基层治理平台，健全城乡社区治理体系”，把信息化支撑作为完善社会治理体系的重要内容。在新一代信息技术蓬勃兴起的大势下，加强和创新社会治理，必须把握信息技术革命带来的机遇，充分发挥科技对社会治理的支撑作用，将数字技术全链条、全周期融入社会治理，提升不同场景需求下的社会治理能力，从而更好保持社会稳定、维护国家安全。

一、推进智慧生态建设

建设生态环境大数据平台。充分发挥 5G、物联网、云计算、无线传感、视频处理、水质指纹识别等先进技术，推进生态云平台数据、业务和技术全面融合。加快生态感知网络建设，扩大感知物联网覆盖面，加强生态环境数据采集、汇聚和监测，建立起全方位、多层次、广覆盖的环境监测网络，提升生态环境领域数据分析、精准溯源、预警预测、应急指挥等方面水平。大力发展能源互联网，加快“互联网 +”智慧能源体系建设。

加快推进生态环境数字化监管新模式。推进全省土地污染、水污染、空气污染等环保大数据监管平台建设，集成“互联网 +”环保设施监控、生态环境移动执法、市长热线督办等平台，实现生态环境线上线下联动预警，推进现场精准执法和热线督办联动，形成以大数据为核心的生态环境数字化监管新模式。推进生态环境保护智能化监管，开展智慧环保试点，建设污染源在线监测、无人巡查等设施，实现污染物排放重点企业智能化远程监测及生态环境数据实时获取、上传、分析和研判。持续深入探索“智慧治水治林”模式，推进“河湖长制”和“林长制”的数字化、网络化、智能化支撑体系建设，建立天空地网全方位的数据资源化管理和监测体系，促进山水林田湖草综合治理。

加快推进自然资源管理智能化。建立湖南智慧自然资源系统，加强对湖南自然资源资产、国土空间用途管制和生态修复的统一管理。探索建立“北斗 +5G+ 自然资源”应用服务体系，提升高精度位置服务水平。建设区域性卫星遥感应用中心，推进卫星遥感在自然资源管理、国土空间规划、生态环境保护、突发应急救援、智慧城市建设等领域应用示范。建设湖南自然资源政务平台、湖南国土空间“一张图”、湖南自然资源“大数据云”，形成相互衔接的自然资源管理信息化体系。升级国土空间基础信息平台，构建多元化多维度的国土空间规划指标体系，建立全省各级联动机制，整合集成省、市、县各级空间规划、管制要素、信息数据。

专栏 8-5

虚拟数字河流：美国哈德森河的重生

20 世纪 80 年代，环保主义热潮涌起，为了恢复哈德森河的生态系统，美国纽约州政府发起了一个“新一代的水资源管理计划”。当地在河的全程都安装了传感器，一些传感器甚至高达 2 米。这些传感器把各种各样的物理、化学、生物数据，包括河流的盐度、浊度、叶绿素和颗粒物粒径等信息，通过网络实时传递到后台的计算中心区。各种数据汇成了一条虚拟的哈德森河，不间断地生成，不间断地被处理，并与历史数据进行比对。流水何时被污染，化学、物理、生物成分发生了什么变化，一看便知。接下来，数据科学家便利用这些处理过的信息建模模拟哈德森河的环境模型和治理方案，评估不同的治理和人类干预对于哈德森河环境的多方影响，以保证实际治理效果良好。经过多年的努力，哈德森河已逐渐恢复其清澈的水质和优美的环境。

——选编自中国循环经济微信公众号相关文章

二、推进智慧监管建设

加快全省一体化市场监管数字化能力建设。持续推动构建“大网络支撑、大平台应用、大数据赋能、大服务集成、大监管慧治”的现代信息化发展新格局，形成权威高效的市场监管信息化发展新体系。系统性推进智慧市场监管业务平台建设，加强大数据风险预测预警和综合分析，打造省级大数据市场监管平台，创新基于“互联网 +”的市场政务服务、消费维权、知识产权保护方式。全面拓展法人信息大平台服务功能，提升法人信息社会化应用价值，全量汇聚各类法人信息，实行法人信息全生命周期管理、有序共享共用。全面汇聚各类知识产权信息，建设全省统一的“互联网 + 知识产权”保护系统。加快完善市场主体信用档案，推进信用分级分类监管，加强信用风险预警监管。

加强对食品药品等重要产品智能化监管。建立全省统一的产品追溯监管平台和基层属地监管系统，升级食品、药品、医疗器械“两品一械”安全监管大数据中心体系，充分运用物联网、大数据和区块链技术手段，增强覆盖食品药品生产加工、市场准入和流通等全链条的智慧食品药品监管能力，提升食品药品安全可控、源头可溯、风险可防的智慧化监管水平，创新探索药品、医疗器械和化妆品品种追溯、风险管控等非现场监管新模式。通过电子标签与区块链结合，实现批次溯源、真伪验证及流向追踪，确保问题产品“一键召回”，守护公众生命健康安全，保障市场秩序良好运行。

专栏 8-6

湖北：“三网一中心”打造智慧市场监管新范式

湖北省聚焦经营主体发展需求、部门高效监管、群众消费安全等关键性问题，以智慧监管为引擎，法治监管、信用监管相互促进，通过建设集成行政审批业务的“智慧审批一张网”、统筹协同监管的“智慧监管一张网”、提供一站式综合服务的“智慧服务一张网”和汇集三网数据的“大数据能力中心”，整合信息系统，打通“数据孤岛”，使相关系统平台涵盖市场监管全类别业务，应用贯通省、市、县、所四级，构建“纵向到底、横向到边”的智慧监管应用体系，实现了行政审批“一网通办”、综合监管“一网统管”、政务服务“一网通服”的市场监管大平台。“三网一中心”建成并在湖北省市场监管系统广泛运用后，已汇集数据 10.6 亿条，纳入监管事项 262 项、监管工作人员 2.9 万名，开展检查 113 万次，检查对象 112 万个（户）；一般检查事项现场检查用时由原来的 3 小时缩短至半小时内，检查数据核对整理用时由原来的 1 小时缩短至 5 分钟，相关监督检查文书在线自动生成。

——选编自新华社中国经济信息社 2023 年 12 月发布的首届全国数字化监管典型案例介绍

三、推进智慧应急建设

深入实施“智慧应急”能力提升工程。坚持预防为主的方针，围绕应急管理全链条，应用卫星通信、4G/5G 通信、超短波通信、图像识别、有线通信等，推进应急通信网络和感知网络建设，完善覆盖省、市、县三级的应急管理综合应用平台，构建快速响应的自然灾害、事故灾难、公共卫生事件和社会安全事件等数字化应急体系，为高危行业安全生产和自然灾害风险隐患排查的广域覆盖、综合防控和精准监管提供支撑。

推动智能应急指挥系统建设。建设信息畅通、反应灵敏、数据丰富、运转高效、科学决策的省级应急指挥信息系统，实现全省应急指挥调度智能化、扁平化和一体化作战。完善指挥调度、信息共享、预警响应、协调联动、保障联合、技术支撑等各环节工作体制和运行机制，建立健全应急预案体系和指挥调度方案，实现信息报送“一张网”、指挥调度“一键通”。构建“空天地”一体的应急通信体系，实现应急救援精准判断、精准组织、精准协调、精准指挥。

健全智慧应急监测预警体系。围绕煤矿、非煤矿山、危险化学品、道路交通、消防、烟花爆竹等安全生产风险重点领域，森林防火、地质灾害、防汛抗旱等自然灾害重点领域，建设完善监测预警系统，实时监测、评估、预警高危领域风险，并进行趋势分析，为强化分类分级管控，实现重点监管、精准执法和科学施策提供有力支撑。推进城乡安全风险监测预警公共信息平台建设，联通“雪亮工程”“天网工程”等监测网络。

四、推进智慧治安管理

健全立体化智能化治安防控体系。深化政法智能化建设，深入推进公安、检察、法院、司法行政、国安和信访系统的数字化建设，建立政法数据资源分中心，推进智慧政法一体化平台建设，推动政法系统业务协同推进。增强公共安全管理和社会治理的预警预测、分析决策能力，提高对涉法涉诉信访人群、特殊人群、重点人群等的自动化、智能化管理能力。

深入建设智慧公安。升级新一代公安信息网、新一代公安物联网，加快建设公安大数据智能应用新生态，优化公安大数据平台，完善公安大数据的网络基础设施、计算基础设施和新技术基础设施，构建公安大数据安全技术体系，建成公安信息化共性应用支撑平台。重点推进公安业务应用智能化，实现社会风险防控、指挥决策、治安防控、侦查实战、道安管理、为民服务、监督管理和警队建设等信息化整合共享与业务协同。聚焦扫黑除恶、防范治理电信网络诈骗等社会治安热点问题，建立健全跨部门、跨区域执法联动响应和协作机制。

持续推进“雪亮工程”建设。推动全省公共安全视频监控联网应用，实现省、市、县、乡、村五级公共安全视频监控联网，打造全省视频数据汇聚共享平台，推进视频图像资源共享应用和开发利用。积极利用 5G 网络开展非固定式摄像头部署，不断完善摄像头布局，扩大视频监控覆盖面。加快推进“雪亮工程”“天网工程”向乡村偏远地区和城镇背街小巷延伸，完善基层安全网络，实现乡镇、行政村和街道社区监控网络全覆盖。完善智能感知、视频监控等技防设施，实现相关设施与公安机关联网共享。通过“雪亮工程”将治安防范的触角延伸至民众之中，有效动员社会各界和广大群众共同监控视频、参与治安防范，从而建立起人防、物防、技防紧密结合的立体化治安防控网络。

第 9 章

优化数字发展新生态

要完善数字经济治理体系，健全法律法规和政策制度，完善体制机制，提高我国数字经济治理体系和治理能力现代化水平。

——习近平在十九届中央政治局第三十四次集体学习时的讲话

着力营造开放、健康、安全的数字生态，是加快建设网络强国和数字中国、推动经济社会高质量发展的重要战略任务。近年来，湖南不断优化数字化发展的软环境，取得了较好的成效，但也还存在地方性法规体系不够健全、标准建设相对滞后、政策支持力度仍有待加大、安全防控仍有待加强等方面的问题。下一阶段，我省应统筹谋划，高位推动，“解痛点、破难点、疏堵点”，加快建设全国数字生态发展活力区。

第一节

强化数字湖南建设制度保障

面向政府治理、产业发展和社会运行，加快完善数字时代的法规、制度、标准和政策体系，积极参与国家和国际数字规则建设，保护自然人、法人、非法人组织与机构的数据权益，规范数据处理活动，保障数据安全，努力将数字新规则打造成湖南软实力的重要组成部分。

一、完善地方法规和监管体系

健全数字湖南法规体系。依据《中华人民共和国个人信息保护法》《中华人民共和国数据安全法》等法律、行政法规，积极开展湖南数字法规体系设计，结合 2024 年 7 月 1 日开始实施的《湖南省数字经济促进条例》，进一步完善网络安全、个人信息保护、公共数据共享开放等方面的法律规制。全面梳理湖南现有政策法规，修订完善与数字时代发展不相适应的相关条款，探索推动隐私保护、数据安全、电子证照等重点领域开展地方立法，加快建立数据产权归属认定、市场交易、权益分配、利益保护制度，提升数据安全治理监管能力，加大数据资源的安全保护力度。完善知识产权保护相关法律和权利人维权机制，加强知识产权综合行政执法，将侵权行为信息纳入湖南公共信用信息管理系统，并对接全国信用信息共享平台。

规范数字湖南监管体系。坚持发展与规范并重，针对数字化发展特点与发展需求，推动落实“管行业也要管数字化转型”的新理念，着力开展管理手段、管理模式和管理理念变革，加快湖南数字监管体系建设。优化数字经济市场准入制度，继续深化“放管服”改革，简化行政审批事项，对数字经济发展实施包容审慎、鼓励创新的监管制度，试点“监管沙箱”等创新支持机制，健全共享经济、平台经济和新个体经济管理规范，探索无人驾驶、在线医疗等监管框架。全面审视数字化发展监管的法治问题，建立健全相关制度规范，完善数字规则，强化数字化发展与转型的保护力度。优化数据、系统、网络、产品等的安全监管体系，围绕数据安全、网络安全，加快构建与城市数字化转型相适应的大安全格局。

二、完善制度和规划支撑体系

完善数字湖南制度支撑体系。明确数字湖南建设的具体目标，并将其纳入全省高质量发展绩效评价体系。建立数字化转型成效评价机制，探索建立可指引、可评估、可对标、可发布的综合评价体系。推进适数化制度创新，着力消除数字化转型过程中新技术、新业态、新模式发展的政策性门槛，为千行百业的数字化转型提供制度保障。围绕人工智能、智能制造、大数据、云计算、物联网、移动互联网等技术在经济发展、民生服务、社会治理、城市管理上的应用要求，推进相关行业管理规范制定。完善数字化转型的规则规范，强化核心价值引领，树立正确的数字社会道德和伦理观念。加强数字信用体系建设，完善企业和个人信用的数字基础。建立数字社会权益保护机制，积极应对灵活就业、共享用工等新模式带来的潜在社会风险，发挥群团组织在数字化社会发展中的桥梁纽带和服务支撑作用。

完善数字湖南规划支撑体系。数字湖南建设是一项系统工程，既涉及14个市州，也涉及各个部门，还包括各行各业，需统筹谋划数字湖南建设。设立专门机构负责整体推动数字湖南的规划、建设、发展和管理等工作，有效推进数据基础设施的规划与建设，数据治理监管制度的建立与实施，从而高质量建设数字湖南，加快促进数据综合治理和流通利用。组织相关部门和行业，统筹谋划数字湖南的规划编制工作，力争形成“顶层规划 + 专项规划 + 行动计划 + 实施方案”的一体化规划架构体系，实现数字湖南建设纵向协调、横向协同。各市州各部门各行业要立足实际，从解决当前最紧迫、最突出的重大问题入手，编制实施相应的专项规划和方案，有序推进数字湖南的规划、建设与发展。

三、完善数字湖南标准体系

编制标准体系建设方案。组建数字湖南标准委员会，围绕数字湖南总体设计规划，加快编制湖南省数字化改革标准化体系建设方案，谋划以标准体系引领系统建设，引导构建涵盖基础规范、建设指南、系统建设、典型应用、绩效评价等的标准体系，提高数字湖南标准体系建设的科学、精准和协同水平。

推进重点领域标准制定。加快数字湖南重点领域标准制定，推动自动驾驶、数字医疗、数字金融、智慧城市等领域开展数据采集标准化试点。建立数据采集主体、数据来源和采集方式合法性、正当性的管理机制，推动不同场景、不同领域数据的标准化采集和高质量兼容互通。组织推进数据清洗、去标识化和匿名化处理等环节的关键技术测试评估，形成技术合规、行业认可、操作可行的业务规程。同时，政府相关部门也应建立健全数字经济统计监测指标和发展综合评价标准，制定和完善数字经济核心产业统计分类目录，开展数字经济年度发展评价，并定期向社会公布主要统计指标、监测结果和发展综合评价指数。

四、健全数字湖南建设推进机制

强化数字湖南建设领导小组对全省经济、社会、治理等全方位数字化转型的统筹协调，完善集中统一、协调推进的运行体制。定期召开全体会议，研究审议数字政府、数字经济、数字社会建设重大战略、规划及重大政策，讨论审议重大数字化项目建设。根据工作需要召开专题会议，协调解决跨区域、跨部门数字化建设重大问题，协调各地各部门建立纵向衔接、横向协同、共建共享机制。建立健全数字湖南重大规划衔接、重大项目论证、重大协议（合约）审查、公共数据资源管控、网络信息安全保障的工作机制，强化对各地区的数字化规划和重大项目的统筹协调与宏观指导，打破制约数字湖南发展的体制和政策障碍。组织对任务落实情况进行督导检查，确保数字化建设重大事项落实到位。邀请国内外知名专家组建数字湖南专家咨询委员会，建立以专家咨询与行政管理相结合的决策机制，负责全省数字化发展工作的顶层设计和总体规划，以及在技术层面的设计、论证、指导和评估等方面提供咨询和建议。

专栏 9-1

浙江：以标准化贯穿数字化改革全过程各领域

浙江作为标准化战略的发源地和实践地、国家标准化创新发展试点省份，在 2021 年出台《浙江省数字化改革标准化体系建设方案（2021—2025 年）》，率先开展数字化改革标准化试点。在三年的试点建设过程中，浙江聚焦以标准统一数据定义、规范系统开发、支撑综合集成，围绕一体化智能化公共数据平台和党政机关整体智治、数字政府、数字经济、数字社会、数字文化、数字法治以及基层智治

"6+1"系统，率先探索机器可读标准、人工智能等技术在制定和实施标准中的深度应用，加快制定、修订了一批数字化改革领域国家标准、地方标准，构建完善了涵盖数字化改革"1+6+2"体系的标准体系。浙江标准体系框架及明细表梳理数字化改革相关标准 4 700 余项，重点分析高频基础通用标准 112 项并持续更新，建立数字改革标准术语库和浙江省数字化改革标准化公共服务平台，统一话语体系，规范数据联通，促进"三融五跨"，以标准化高效促进全省 70 余个省级部门、11 个地市级政府、90 个县级政府建设体系化协同推进，为全国数字化改革提供浙江实践。

——选编自浙江省人民政府门户网站相关文章

第二节

健全数据安全体系

数据是国家基础战略性资源和重要生产要素，统筹推进数据资源开发利用和安全治理，筑牢数字安全屏障、保障数据安全是实现数字经济健康发展、建设数字中国的题中应有之义。必须采取必要措施，确保数据处于有效保护和合法利用的状态，以及具备保障持续安全状态的能力。为高质量建设数字湖南，应面向政府治理、产业发展和社会运行，把数据的收集、存储、使用、加工、传输、提供、公开等处理活动纳入保护数据安全框架，全方位构筑数据安全体系。

一、推进重要规章制度落地实施

推动数据安全防护责任落实。积极贯彻落实《中华人民共和国网络安全法》《中华人民共和国密码法》《中华人民共和国数据安全法》《中华人民共和国个人信息保护法》和党委（党组）网络安全工作责任制等法律、法规、制度、标准规范，强化防护责任，加强监督检查。

促进数据安全防护机制实施。根据相关规章制度，进一步完善网络安全工作统筹协调机制，健全网络安全检查、审查和应急指挥工作机制，落实网络安全责任制，定期开展网络安全合规性检查。建设完善省市两级安全管理运营中心、安全大数据平台和安全能力服务平台。加强终端安全管控，强化数据和应用全生命周期安全防护，稳步推进异地备份中心集约建设。

推进数据安全规范管理落地。遵照相关安全法规制度，围绕知识产权保护、个人隐私保护，加快探索和国际通行规则接轨的数字贸易监管规范，在数据流通、数据安全、网络内容监管等方面，形成具有湖南特色的安全监管体系。加强跨境数据流动的安全性评估，实施个人信息和重要数据存储本地化，以及出境传输规范化管理，鼓励企业建立数据安全和风险内控管理体系，保障数据依法有序自由流动。

二、构建数据湖南安全保护体系

建立数据安全保护体系。推动制定落实数据安全法律规范和管理办法，落实网络安全等级保护、涉密信息系统分级保护及风险评估、数据资源分级分类管理和报备制度。针对具体情形采取不同的数据安全风险管理措施，对关系国家安全、国民经济命脉、重要民生、重大公共利益等的核心数据，实行更加严格的管理制度保护。推进公共数据、企业数据、个人数据分类分级确权授权使用，根据不同特性进行区别化的精准管理，把该管的管住、该放的放开，形成政府监管与市场自律、法治与行业自治协同的数据要素治理结构。加强数据安全保密监管手段和机制建设，落实网络安全保密工作责任制。加强数据安全业务培训、技术防范和应急演练，建立覆盖全体系、多维度，融合动态监控、主动防御、协同响应的网络安全综合防控体系，形成跨领域、跨部门、跨地区的有效联动机制。

构筑公共数据和个人数据隐私防护体系。加强风险识别与防护、数据脱敏等技术应用，加快完善数据安全合规性评估认证、数据加密保护机制与相关技术检测手段，构建公共数据全生命周期安全防护体系，建立安全防护能力评估指标体系和评价方法，确保数据安全管理工作可量化、可追溯、可评估。加强个人信息保护，强化个人信息收集、使用、共享等环节安全管理，严格规范运用个人信息开展大数据分析行为。

确保关键信息基础设施安全。压实运营者的主体责任、保护部门的监督管理责任、社会各方的协同配合和监督责任，积极组织开展实时监测、态势感知、通报预警、应急处置、追踪溯源、侦查打击、等级保护、指挥调度等工作，定期开展网络安全保密隐患排查，提升安全可控和网络抗攻击防御水平，加强能源、交通、水利、金融、公共服务等重要领域信息基础设施，以及骨干网络、云计算平台、大数据中心、灾备中心、工业互联网平台等关键信息基础设施的安全保护。

加强数据安全监管执法。定期开展数据安全合规评估和违法违规专项治理，督促政府各部门、企业等强化网络数据安全管理，及时消除重大数据泄露、滥用等安全隐患。强化网络数据安全管理制度设计，按照《中华人民共和国网络安全法》、《电信和互联网用户个人信息保护规定》（工业和信息化部令第 24 号）等法律、法规要求，建立网络数据分类分级保护、数据安全风险评估、数据安全事件通报处置、数据对外提供使用报告等制度。

专栏 9-2

部分国家和地区数据安全保护举措

面对日益严峻的数据安全威胁，世界各国家和地区采取各种举措，全面强化数据安全保护。

加强数据安全顶层设计。欧盟发布《欧洲数据保护监管局战略计划（2020—2024）：塑造更安全的数字未来》，从前瞻性、行动性和协调性三方面继续加强数据安全保护，以保障个人隐私权。美国发布《联邦数据战略与 2020 年行动计划》，确立了保护数据完整性、流通数据真实性、数据存储安全性等基本原则。

强化数据及个人信息保护方面的相关立法。加拿大 2022 年通过《数字宪章实施法案》。日本《个人信息保护法》、新加坡《个人数据保护法》进行修订，明确个人数据权利及外部使用限制。

出台数据安全标准指南。欧盟发布《为保持欧盟个人数据保护级别而采用的数据跨境转移工具补充措施》，为数据跨境流动中的数据保护问题提供了进一步指导。

建立健全数据安全保护机构。美国商务部成立提供联邦数据服务的咨询委员会，以加强对联邦数据隐私的保护。韩国成立个人信息保护委员会，其主要职能是负责个人信息保护与监管执法工作。

——根据网络资料整理

三、强化新技术新应用安全保障

强化全流程风险防控。从数字新技术运行的全流程入手，注重全生命周期风险防控，完善各个环节管控、立体闭环管理，多措并举，提高风险防控能力。建立安全风险监测预警机制，实时监测各类入侵和攻击行为，让管理、运维更合规安全。通过新技术研究、应用提升风险防控效能，不断提升数字新技术风险管理的专业化水平。引导互联网企业加强内部管理和安全保障，推广使用安全可靠的数字化产品、服务和解决方案，建立健全行业自律互律机制，拓展资源提供者和公众参与治理渠道，探索建立政府、互联网企业、行业组织和公众共同参与的协同治理机制。积极开展新技术安全风险防控意识教育，强化风险防控意识教育、技术培训和技能考核，建设数字技术风险防控文化。

规范新技术发展。充分考虑新技术应用场景及安全性要求，制定完善云计算、大数据、物联网、人工智能、5G、区块链、车联网、移动应用程序等新技术应用规则，制定参数标准、使用环境条件标准、安全保障标准，完善技术测评等相关规范，促进新技术安全合理使用，建立网络安全与数据安全评估机制，提升重点行业、重点企业关键信息基础设施安全防护能力，针对数据产生、传输、存储、应用全过程，建立可信可控的网络安全体系。

加强新技术应用安全评估。加强工业制造、交通物流、智慧城市、政务服务、新闻资讯和社交网络等重点领域新技术应用安全评估，统筹考虑技术安全、经济安全、社会安全，加强技术成熟度、脆弱性、风险隐患等评估。推动隐私计算技术在金融科技、数据隐私保护等方面的产业化。基于区块链技术，探索建立数据要素编码体系和数字身份信任平台。

四、推动数据安全应急体系建设

明确部门安全应急责任。充分发挥网络安全应急管理部门的综合优势和各相关部门的专业优势。明确网络安全应急部门的责任、权力，加强组织领导，明确责任分工，由网络安全应急部门统筹协调相关部门加强网络安全信息收集、分析和通报等工作。利用基础电信企业和云服务提供商的网络资源优势，加强网络安全资源共享、态势感知、监测预警、信息共享、应急处置等方面协同，共建湖南网络安全应急体系。

健全数据安全突发事件处理机制。健全网络安全风险评估和应急工作机制，编制网络安全事件应急预案，定期组织演练，提升网络安全事件应急处置能力。整合各类科技资源，强化网络安全事件应急处理装备与技术支撑，依靠科技提高网络安全事件应急处理的科学化、专业化和智能化水平。

第三节

强化数字化要素保障

聚焦经济、生活、治理数字化，全面剖析要素保障方面存在的制度瓶颈与问题，重点从数字化人才引进培育、数字化投融资保障和数字化要素保障等方面采取措施，完善政策支持体系，全面激发各类主体的活力和动力。

一、加强数字人才队伍建设

数字湖南的规划、建设与发展，关键在人。因此，应强化数字人才引进培育力度，抓好数字人才队伍建设，全力推动数字人才工作举措落地落实。

加强数字人才培养力度。提升高校数字人才培养能力，鼓励在专业设置、师资培养、招生规模等方面向数字人才倾斜，持续加强计算机科学、软件工程、电子信息、人工智能、数据科学、网络安全等数字技术基础学科建设，加强复合型、实用型人才培养，建立面向数据科学发展前沿的多层次、高质量人才团队。支持国内外知名高校、科研院所在湖南设立分院（所），探索产学研联合培养新模式，在重点高校、科研机构和龙头企业的高层次数字人才中选拔“领跑人才”培养对象，推广“首席信息官”“首席网络安全官”制度，试点推行“首席数据官”（CDO）制度，加强高端数字人才自主培养，积极培育数字经济发展所需的创新人才。鼓励高校、科研院所与园区、企业等机构合作开展数字技术学科建设，探索建立多方合作育人新机制，整合各类教育资源，建立一批联合实习实训基地，面向数字湖南建设需求，发展订单制、现代学徒制等多元化人才培养模式，增强联合培养成效，培养应用型、技术技能型人才。将数字湖南建设专题培训纳入公务员教育培训体系。

加大高端数字人才引进力度。实施数字湖南人才发展工程，将数字领域高层次人才纳入全省急需紧缺高层次人才引进计划。

围绕数字领域重大研发任务和基地平台建设，构建平台揽才、赴外招才、活动引才、项目聚才的立体引才网络，广泛吸引海内外高层次数字人才来湘创新创业，加快引进一批数字领域学科带头人、技术领军人才和高级管理人才。

完善数字人才激励机制。坚持以创新能力、质量、贡献为导向，分类建立以同行评议为基础的人才评价体系，为数字人才搭建流动与发展服务平台。人才计划应重点支持优秀数字人才的引进与激励，鼓励国家级数字创新平台主要科研人员面向全球招聘，探索“科技合作、兼职、技术入股”等多种形式的柔性引才方式。完善个人职务发明成果价值分配政策，提高科研人员职务发明成果价值分配比例，激励数字人才更好地发挥作用。针对优秀数字人才，在住（租）房、教育、医疗、创业基金等方面出台更加优惠的政策，完善配套措施，解决好人才的后顾之忧。支持重点企业、行业协会、科技媒体等组织开展数字领域技能比赛和人才评选。探索数字经济领域职称评审工作，推进数字技术相关专业职称评审互认试点工作，鼓励通过发展数字经济创造灵活就业机会，完善平台经济等新业态从业人员在工作时间、报酬支付、保险保障等方面政策规定，保障从业人员的合法权益。

优化数字人才发展环境。优化高端数字人才停居留政策、外国人工作许可制度和出入境便利举措，完善配套服务。加快省人才网建设应用，实现人才服务事项一门受理、一网办理、一站服务。建设数字人才服务专区，为优秀人才提供贴身服务，为数字人才发展提供最优环境。

专栏 9-3

广东省首席数据官制度

首席数据官制度是体系化规范化搭建数字政府管理架构的重大创新。2021 年 4 月，广东省发布了《广东省首席数据官制度试点工作方案》，在全国率先推行首席数据官制度，并遴选 6 个省级政府部门、10 个地市级政府部门等同步开展试点。广东省明确将“首席数据官”列为数字政府建设的第一负责人，构建了贯穿省、市、县三级的数字政府专人专岗梯度管理体系，为数字政府岗位责任制一体化部署做出了重大贡献。

——选编自《广东省首席数据官制度试点工作方案》等资料

二、强化数字化资金保障

加大财税支持力度。加强与国家相关部委沟通衔接，积极争取数字化领域国家政策、资金和重大项目支持，积极争取国家战略性新兴产业、科技重大专项、集成电路、信息安全等专项资金支持。统筹各级财政资金对数字经济的投入，优化省级科技创新、工业转型升级、战略性新兴产业以及各行业各部门专项资金使用方向，加强整合，统筹管理，推动设立数字新湖南建设专项引导资金，优先支持数字经济重点领域重大项目。在省级财政资金补助的基础上，各市给予一定比例的配套补助，形成政策叠加效应。加大对数字基建、数字政府、数字经济、数字社会等领域重点项目、重点平台以及试点示范的支持力度。研究适应数字经济特点的税收征管制度，加大对信息服务企业重组兼并、投融资活动的财政税收政策支持。参照其他省份做法，出台用电优惠保障政策，使湖南基站、大型数据中心、通信机房等能够享受大工业用电优惠，减轻企业运营成本负担。

创新财政投入方式。各部门、各地区要结合自身实际，综合运用股权投资、贷款贴息、事前审核事后补助等方式，建立无偿与有偿并行、事前与事后结合，覆盖创新链、产业链的多元政府资金投入机制，支持工业企业“智改数转”，进一步提高效率，优化流程，加强动态评价。完善政府采购政策，加大对数字湖南建设领域新产品、新服务的采购力度，引导建立良好的数字经济创新产品市场生态。

积极拓宽融资渠道。综合运用多种政策工具，进一步激发全社会投资活力和动力，鼓励市场化资本投入，引导和支持社会资本通过创业投资、股权投资等多种方式，投资人工智能技术研发及应用等关键领域，创新运用基础设施领域不动产投资信托基金（REITs）。引导各类创新投资机构采用参股投资方式参与数字湖南建设，充分发挥财政资金的杠杆效应和引领作用，鼓励金融机构在审批放贷、贷款利率、贷款期限、贷款额度等方面对数字化转型企业给予政策倾斜。进一步整合资源，引导金融资本有效支撑数字化转型，推进设立数字化转型相关基金，支持数字湖南建设领域创新型、成长型企业上市融资，支持符合条件的企业通过发行企业债券、公司债券、非金融企业债务融资工具等方式扩大融资。鼓励5G基站、数据中心用电参与电力市场化交易。

三、强化数据要素供给保障

稳步提升数据要素供给质量。一方面通过推动数据资源标准体系建设，提高数据资源管理水平和处理能力；另一方面通过培育和支持聚焦于数据采集、整理、聚合、分析等业务的社会化数据服务商，发挥市场主体积极性，打破技术和协议壁垒，实现数据互联互通互操作，提升各环节数据加工处理水平，全面提升数据供给质量。对公共数据资源，则应充分发挥基础性平台的作用，为公共数据流通提供共性支撑服务和安全可信流通环境，加快政府数据跨层级、跨地域、跨部门有序共享，稳步提升公共数据开放水平与供给质量。

全面加快数据要素交易流通。鼓励企业和科研院所等主体探索区块链、隐私计算等各类数字技术应用，营造安全有序的市场环境，提升数据交易流通效率。鼓励市场主体探索灵活的数据交易模式，构建市场交易规则，帮助更多中小企业及个人从数据增值中受益。提升数据交易平台服务质量，通过发展登记结算、资产评估、交易撮合、争议仲裁等配套服务，完善市场运营和治理体系，保护参与主体的合法权益，提高主体参与数据要素交易的积极性。

不断创新数据要素应用机制。坚持市场导向、应用牵引，引导市场主体在智能制造、智慧城市、物联网、车联网等重点领域丰富数据应用场景，加大数据要素的开发利用。构建灵活多样的开发利用机制，对发展前景明朗的数据开发利用场景，要引导其健康规范发展；对市场前景暂时不明朗的，可设置“观察期”；

对出现问题的应用场景，则应及时引导与处置。支持先行先试，鼓励示范引领，一方面，通过部分地区的数据要素市场发展，带动其他地区的数据加工与服务等上下游产业的发展；另一方面，对重点行业重点领域，可鼓励已具备一定数据开发利用能力的龙头企业发挥自身资源优势开展创新，通过示范引领，让其他参与数据要素开发利用的企业少走弯路。

关键词索引

KEYWORD INDEX

后 记

POSTSCRIPT

为贯彻落实党的二十大、二十届三中全会精神，贯彻落实习近平总书记关于湖南工作的重要讲话和指示批示精神，贯彻落实省委十二届四次、五次、六次、七次全会精神，省委宣传部在组织编写出版《湖南高质量发展丛书（第一辑）》的基础上，组织编写了《湖南高质量发展丛书（第二辑）》［以下简称《丛书（第二辑）》］。《丛书（第二辑）》定位为智库类、普及类的政治理论读物，由湖南大学出版社、湖南人民出版社出版。

《数字湖南建设》由湖南省政务服务和大数据中心党委书记、主任禹向群任主编，湖南省社会科学院（湖南省人民政府发展研究中心）经济预测与财政金融研究所正处长级干部、党支部书记刘琪和湖南现代物流职业技术学院教授曾玉湘担任副主编。参加编写的还有湖南省社会科学院（湖南省人民政府发展研究中心）闫仲勇、李迪，湖南科技大学教授成鹏飞，保险职业学院副教授王蓓，共青团长沙市天心区委员会副书记康耀心，湖南湘江研究院有限责任公司黄君，中国电信股份有限公司湖南分公司邓滔，联通华盛通信有限公司湖南分公司刘铁波，等等。

省政协原党组副书记、副主席，省智库建设顾问贺安杰审阅了《丛书（第二辑）》书稿，对书稿修改提出了许多指导意见。省委宣传部副部长、省电影局局长任晓山对编写提纲和书稿修改进行了指导。省社科工作办主任陈湘文组织研讨、修改书稿。唐宇文、胡穗、刘国良、李吾秋、刘子敏、方艳、陈国胜、刘群群、周婧、刘进、饶宇雄、颜克高、陈浩、朱健、胡春林、周凌、易先忠、彭安臣、马丽华等同志参与研讨和修改。

湖南大学出版社认真组织了本书的编辑出版工作。本书的编写参考采用了有关部门的资料，吸纳了专家学者的研究成果，编者在此一并表示感谢！

编　者

2024 年 12 月